그리스도의 편지

The Letters of Christ

윤종수 성서 명상 시선

그리스도의 편지 The Letters of Christ

2019년 2월 15일 초판 1쇄 인쇄
2019년 2월 22일 초판 1쇄 발행

지 은 이 | 윤종수
펴 낸 이 | 김영호
펴 낸 곳 | 도서출판 동연
등   록 | 제1-1383호(1992. 6. 12)
주   소 | 서울시 마포구 월드컵로 163-3
전   화 | (02)335-2630
전   송 | (02)335-2640
이 메 일 | yh4321@gmail.com

ISBN 978-89-6447-463-1   03230
ISBN 978-89-6447-450-1   03230 (세트)

윤 종 수 성 서 명 상 시 선

그리스도의 편지
The Letters of Christ

에
코
바
이
블

13

동연

오늘도 편지를 쓴다.

삶이 편지이고

미소가 편지이다.

누군가에게 보내는

한 줄 사랑의 편지로

그들이 힘을 얻고

진리를 향하게 된다면…

차례

1장

영광의 자유

2장

그리스도의 향기

3장

예수의 흔적

4장

하나님의 비밀

프롤로그(Prologue)

신앙이란
믿을 수 없는 것을
믿는 것이 아니라
살고
사랑하고
존재하는 것이다.

신앙은
세계를 변혁시켜서
모든 생명이 완전하게 살아서
생명의 원천과 소통하고
사랑의 근원과 하나가 되어
존재할 용기를 발견하고
그 근원으로 돌아가는 것이다.

교회는 우리를
종교적이 되게 하는 것이 아니라
우리를 인간이 되게 하는 것이며
온전하게 만들어 주는 것이며
믿음의 공동체로 존재하여
세상에 생명을 내어주는 것이다.

그것이
우리가 부름을 받은
새로운 존재가 되는 것이며
그것이 우리가 나아가야 하는 길이다.
그리고 그것이 나에게 주는
오늘의 의미인 것이다.

1 장

영광의 자유

1. 하나님의 아들

사람의 아들이
하늘의 아들이 되었다.
하늘의 길을 걷는 자는
하늘의 아들이 된다.

땅의 길이 있고
하늘의 길이 있다.
땅의 길은 땅에서 죽고
하늘의 길은 하늘로 올라간다.

땅의 길을 걷는 자는
땅의 사람이 되고
하늘의 길을 걷는 자는
하늘의 사람이 된다.

나는 그의 종이다.
그의 발에 입을 맞춘다.
나는 그의 신발 끈도
풀 자격이 없다.

하지만 이런 나를
그가 부르셨다.

나는 그의 사도며
그의 친구이다.

그 동안 나의 모든 것은
쓰레기에 불과했다.
세상의 쓰레기를 모은
쓰레기의 산이었다.

그의 길이 이것이었다.
묵묵히 십자가를 지고
역사의 길을 걷는 것.
말이 필요 없었다.

이제 그의 길이
나의 길이 되었다.
죽음에서 일어나
생명의 길을 간다.

성결의 영으로는 죽은 자들 가운데서 부활하사 능력으로 하나
님의 아들로 선포되셨으니 곧 우리 주 예수 그리스도시니라.
Romans 1:4

2. 신령한 은사

간절한 자가 얻게 된다.
해 아래에서 펼쳐지는
수많은 은혜와
절대의 만남들.

운명이란 이런 것이다.
우연 속에서 만나는 필연.
눈을 뜨고 기다리는 자에게
인연은 찾아온다.

아무나 받을 수 없다.
누구나 같이 갈 수 없다.
그 길 밖에 없는 자.
그것밖에 할 수 없는 자.

그것은 선택이 아니다.
한 번밖에 없는 기회.
처음 만날 때부터
맺어진 불꽃이다.

그것은 사랑일까?
그런 것이 있을 수 있을까?

그것으로 인해 우리는
오늘을 살아간다.

돌이킬 수 없다.
결코 돌아서지 않는다.
내게 주어진 마지막 길인데
내가 어디로 가겠는가?

갈 곳이 있는 자는
나와 같이 갈 수 없다.
또 다른 할 것이 있는 자는
언젠가는 내 곁을 떠나게 될 것.

하여 나는
그들과 함께한다.
돌아갈 곳이 없는 자들.
나 외에 희망이 없는 자들.

내가 너희 보기를 간절히 원하는 것은 어떤 신령한 은사를 너
희에게 나누어 주어 너희를 견고하게 하려 함이니. Romans 1:11

3. 순리

주어진 것만 먹는다.
많이 먹는다고 좋은 것도 아니고
별스런 것을 먹는다고
행복한 것도 아니다.

할 수 있는 만큼만 한다.
못 해서 한이 아니고
더 이상 못 한다고
자책할 것도 없다.

걸어갈 수 있는 만큼만 걷는다.
많이 간다고 좋은 것도 아니고
멀리 간다고 대단한 것도 아니다.
그만큼만 족하다.

더 이상도 아니고
더 이하도 아니다.
더하는 것도 없고
덜하는 것도 없다.

얼마나 더 즐겨야 하느냐?
얼마나 더 먹어야 하느냐?

많이 받은 자에게는
많이 달라 할 것이니

그것이 자연스럽다면
그렇게 하는 것이고
그것 또한 하늘이 주신 것이니
미워하거나 정죄할 것도 없다.

하늘이 무너질 것처럼
요란을 떨 필요도 없고
지구가 멸망할 것처럼
이상히 여길 것도 없다.

풀은 뽑아도 새로 돋아나고
바람이 불어도 하루는 시작되니
그만큼만 하면
나머지는 하늘이 하실 것이다.

이 때문에 하나님께서 그들을 부끄러운 욕심에 내버려 두셨으
니 곧 그들의 여자들도 순리대로 쓸 것을 바꾸어 역리로 쓰며.
Romans 1:26

4. 상실한 마음

잃어버릴 수 없다.
찾아야 한다.
그에게서 왔으니
그에게로 돌아간다.

그를 기억한다.
그 안에서 살아간다.
그 없이 된 것이 없고
그 없이 산 것이 없다.

그와 함께
그를 따라
그의 은혜로
길을 간다.

걸어감이 기쁨이요
살아감이 축복이다.
숨을 쉼이 은혜요
눈을 뜸이 감사다.

그 때문에 걸림이 되는가?
그 때문에 축복이 되는가?

그를 모심이 힘들고
그와 함께함이 어려운가?

그와 함께 감이
두려운 것인가?
그가 너의 하고 싶음을
막는 것인가?

그가 창조의 모형이요
그가 힘의 원천이라면
그의 함께함이
진실을 사는 것이다.

그와 같이
그 안에서
새로운 길을 열어감이
참 길을 가는 것이다.

또한 그들이 마음에 하나님 두기를 싫어하매 하나님께서 그들
을 그 상실한 마음으로 대로 내버려 두사 합당하지 못한 일을
하게 하셨으니. Romans 1:28

5. 무정

그와 함께
돌을 맞을 것인가?
아니면 그에게서 멀리 떨어져
길을 갈 것인가?

마음이 없어도
길은 갈 수 있겠지.
그렇게 걸어가면
큰 문제는 일어나지 않겠지.

그러나 그렇게 해서
역사를 남길 수는 없을 것.
대과는 없을지라도
대사는 없을 것이다.

마음을 주지 않고
무엇을 할 수 있겠는가?
눈길을 줌 없이
삶의 의미가 있겠는가?

피 흘리는
정진을 해도

마음을 주지 않고는
불이 일어나지 않을 것.

나에게 그것을
가져오지 말라.
썩어 문드러져
냄새가 진동할 것이니

차라리 자리에 앉아
입을 굳게 닫으라.
아무런 손짓도
나에게 하지 말라.

하여 오늘도 나는
하루의 길을 떠난다.
그러다가 어느 날,
그의 품에 안기는 것.

우매한 자요 배약하는 자요 무정한 자요 무자비한 자라.
Romans 1:31

6. 고집

새로운 미래에
마음을 열지 않으면
지금의 현재가
감옥이 된다.

거기에 머물러
앞으로 나가지 않으면
여기가 좋사오니
안주하게 된다.

항상 밖으로
나가지 않으면
자기 자리 앉아
굳은 화석이 된다.

지킬 것은
지켜야 하지만
버릴 것은
버려야 한다.

너의 자리에서
변화를 막지 말라.

하늘의 명을 거슬러
우상의 자리에 앉지 말라.

상황은 언제나 변할 수 있다.
마음을 열지 않으면
내가 거기에 앉아
군주가 되어버린다.

마음의 혁명을
일으켜야 한다.
자리에서 내려와
돌아갈 줄 알아야 한다.

그렇지 아니하고
그 변화를 내치면
그 변화에 의해
네가 내쳐지게 될 것이다.

다만 네 고집과 회개하지 아니한 마음을 따라 진노의 날 곧 하
나님의 의로우신 심판이 나타나는 그 날에 임할 진노를 네게
쌓는도다. Romans 2:5

7. 마음의 할례

나는 육체를 자랑했다.
외피를 뒤집어쓰고
무엇을 한다는 것이
우습게 보였다.

너희들은 내가
우습게 보이겠지.
껍질도 없이
흉하다고 하겠지.

사람이라는 게.
원래 우스운 것이다.
자기가 아는 것 밖에
생각하지 못한다.

그러나 우리는
그것을 넘어서야 했다.
마음의 영에 있는 것이
그의 삶을 결정한다.

육체보다 더 중요한 건
마음이라는 것이다.

육체를 넘어
영의 세계가 있다.

하여 이제는
보이는 규정이 아니라
보이지 않는
영의 세계를 따른다.

그렇다.
진정으로 중요한 것은
마음의 영이었다.
거기에 무엇이 있는가?

이제 내가 보는 것은
보이는 것이 아니라
보이지 않는
마음의 구원인 것이다.

오직 이면적 유대인이 유대인이며 할례는 마음에 할지니 영에
있고 조문에 있지 아니한 것이라. Romans 2:29

8. 열린 무덤

입을 열면
무덤이 보인다.
속에 가득한 것이
입으로 나온다.

차라리 입을 다물면
속을 알지는 못할 것.
마음에 있는 그것이
입으로 나올 뿐이다.

온갖 미사여구는
허공을 칠 뿐이요
메아리 없는 공허함은
마음을 움직이지 못한다.

한마디 말로
죽음을 가져오고
한마디 진리로
천국을 가져오니

진리의 샘이 있고
끝없는 나락이 있다.

다 똑같이 끝이 있지만
허무가 그의 마지막이다.

나는 어디에서
충만을 얻을 것인가?
우리의 진정한 깨달음은
어디에 있는 것인가?

웃음 하나로
마음이 통하고
눈물 한줄기로
사랑이 통하니

같이 길을 걷는
마음의 도반이 있다면
끝이 없는 순례 길도
외롭지 않을 것이다.

그들의 목구멍은 열린 무덤이요 그 혀로는 속임을 일삼으며
그 입술에는 독사의 독이 있고. Romans 3:13

9. 율법의 행위

모든 것이 은혜로 된다.
은혜 없이 무엇을 할 수 있겠는가?
죄 중에서 태어났고
죄악만을 생각한다.

노력하면 할수록
죄의식만 깊어가고
지키면 지킬수록
죄악만 드러난다.

놔두자니
잘못 가고
지키자니
절망이다.

그것이 삶이다.
평안도 없고
깨달음도 없는
고뇌의 연속이다.

모든 것을 내려놓고
그 앞에 나아가니

거기에서부터
희망이 시작된다.

모든 것을 다 한 뒤에
더 이상 할 수 없다고
그 앞에 나아갈 때
그때부터 은혜이다.

하여 그때까지는
피를 흘려야 한다.
아무것도 하지 않고
무엇을 받겠는가?

무조건 은혜가 아니라
마지막 은혜인 것이다.
그것을 알지 못하면
받을 수도 없는 것.

그러므로 율법의 행위로 그의 앞에 의롭다 하심을 얻을 육체
가 없나니 율법으로는 죄를 깨달음이니라. Romans 3:20

10. 하나님의 의

그의 삶을 통해
우리가 살아났다.
그가 산 것이 아니라
우리가 산 것이다.

그를 찬양하지 말라.
그를 미화하지 말라.
그를 무덤 속에
다시 가두지 말라.

다만 그를 통해
네가 살아나게 하라.
너의 부활을 막았던
그 돌을 굴려내게 하라.

율법의 조문에 갇혀
썩어져 가던 그것이
드디어 무덤을 열고
터져 나오게 하라.

그리하여 만물이
그를 노래하게 하라.

찬양보다 못한 설교는
불에 던져지게 하라.

정제되지 않은 쓰레기는
세상에 던져버리라.
적어도 태양보다는
더 불타오르게 하라.

함부로 입을 열지 말고
삶을 욕되게 하지 말라.
날마다 다시 일어나게 하여
생명의 바람이 불게 하라.

하늘의 말씀이
육신을 입게 하라.
그의 의가
꽃 피게 하라.

이제는 율법 외에 하나님의 한 의가 나타났느니 율법과 선지
자들에게 증거를 받은 것이라. Romans 3:21

11. 화목 제물

그것은 거기까지다.
그것이 완성을 이루지는 못한다.
무언가 새로운 역사가
일어나야 한다.

피를 흘려야 한다.
모든 소망이 사라지고
죽어서 다시 살아
부활이 일어나야 한다.

그것이 필요하다.
죽음을 넘어선 산 소망.
인간의 경계지대를 넘어
하늘이 역사를 해야 한다.

진정한 평안과
영원의 깨달음이 없는
고행의 노력을 내려놓고
그의 은혜로 들어가야 한다.

이제 그만
나의 길을 멈추어야 한다.

하늘로 돌아갈
때가 되었다.

자신을 버리는
희생이 없는 것은
자신의 한계를
드러내는 것이다.

그래 거기까지다.
이제는 잘 가라.
나는 하늘의 길을
걸어가야 한다.

내가 걸어갈
길이 내 앞에 있다.
나의 눈물을 닦아줄
그가 거기에 있다.

이 예수를 하나님이 그의 피로써 믿음으로 말미암는 화목제물
로 세우셨으니 이는 하나님께서 길이 참으시는 중에 전에 지
은 죄를 간과하심으로 자기의 의로우심을 나타내려 하심이니
라. Romans 3:25

12. 화평

그 안에 네가 있어
그와 네가 하나이니
그 길을 떠나
어디로 가려느냐?

그의 가슴을 찢어
너의 수치를 가리고
그의 피를 흘려
너의 배를 채우려느냐?

그와 같이 가는 것이
너의 걸어갈 길이며
그를 축복하는 것이
네가 잘 되는 것이거늘

베푼 대로
받을 것이요
사랑한 대로
얻을 것이다.

내 앞에
무릎을 꿇지 말고

나에게 무엇을
달라하지 말라.

네 안에
내가 있고
내 안에
너 있으니

원래 하나이라.
하나로 돌아가
그것을 회복하여
평화를 이루어가라.

다시는 옛날로
돌아가지 말라.
평화의 길을 걸어
화평의 역사를 이루라.

우리가 믿음으로 의롭다 하심을 받았으니 우리 주 예수 그리
스도로 말미암아 하나님과 화평을 이루자. Romans 5:1

13. 인내

고난을 견디면
인내의 힘이 나오고
험한 세상을 살아가는
삶의 자세가 형성된다.

고난이 없이
정상에 도달 수 없고
어려움이 없이
시원함이 없는 것.

다가오는 고난이
힘들지 않을 때
고난을 극기하는
도에 이르게 된다.

그대, 거기에
올라보았는가?
마지막 고난을 넘기고
희열이 찾아오는 때.

너무 편하면
안일하게 되고

그런 속에서는
능력이 나올 수 없다.

고난 속에서
즐거워하는 경지는
삶을 살아가는
또 하나의 예술이다.

우리는 날마다
작품을 만들어낸다.
고난을 빚어
생명을 만드는 것.

하여 고난 속에서
더욱 기대를 가진다.
이때가 지난 이후에는
무엇이 찾아올 것인가?

다만 이뿐 아니라 우리가 환난 중에도 즐거워하나니 이는 환
난은 인내를 인내는 연단을, 연단은 소망을 이루는 줄 앎이로
다. Romans 5:3-4

14. 연합

그가 죽으니
나도 죽는다.
그의 신발 끈도 풀 수 없지만
그의 발치는 따라갈 수 있다.

그가 일어나니
나도 일어난다.
그를 따라나서는
흉내는 낼 수 있다.

그가 걸으니
나도 걷는다.
날마다 걷고 걸으면
하늘에 이를 수 있을까?

그가 앉으니
나도 앉는다.
그와 함께 자리에 앉으면
하늘이 보인다.

그가 먹으니
나도 먹는다.

살아서 존재함이
하늘의 축복이다.

거기에서 빛을 발하며
존재의 의미를 드러냄이
내가 숨을 쉬는
유일한 목적이다.

그것이 없다면
숨을 쉬며 살아있음이
무슨 의미인 것인가?
그저 더러운 이름을 남기는 것일 뿐.

그 외에 아무런 뜻이 없다.
더 이상 욕망의 성을 쌓고
세상의 길을 걸음이
피곤할 따름이다.

만일 우리가 그의 죽음과 같은 모양으로 연합한 자가 되었
으면 또한 그의 부활과 같은 모양으로 연합한 자도 되리라.

Romans 6:5

15. 의의 무기

자신이 하는 대로
자신이 얻을 것이요
자신이 걷는 대로
결과에 이를 것이니

심은 대로 거둔다는
그의 말씀이
거기에서 그대로
이루어지리라.

매일 자리에 앉으면
하늘의 마음을 알 것이요
자신의 걸어갈 길을
깨닫게 될 것이니

낯선 일도 하다보면
낯익은 일이 될 것이요
새로운 길도 걷다보면
익숙한 길이 되리라.

힘쓴 대로
거둘 것이요

심은 대로
먹을 것이니

이제 다시는
그리로 돌아가지 말라.
그가 보여주신
새 길을 걸으라.

나에게 힘을 달라.
날마다 길을 걸어
성화에 도달하여
하늘의 뜻을 이루라.

그리고 마지막에
한 점 재로 돌아가
그의 길을 밝히는
생명의 촛불이 되라.

너희 지체를 불의의 무기로 죄에게 내주지 말고 오직 너희 자
신을 죽은 자 가운데서 다시 살아난 자 같이 너희 지체를 의의
무기로 하나님께 드리라. Romans 6:13

16. 하나님의 선물

길을 알지 못할 때는
분노가 일어났다.
사랑과 진리가
보이지 않았다.

나의 세계를 깨뜨리는
그들이 너무 미웠다.
세상에서 그들은
사라져야 할 존재였다.

그때는
나의 길만 보였다.
내가 걸어가는 길 외에는
모두가 잘못되게 보였다.

세상을 더럽히고
배교의 길을 걸어가는
사라져 버려야 할
도당들이었다.

그러나 이제 눈이 열렸다.
세상이 다르게 보였다.

영원한 세계 속에
진리가 흘렀다.

모두가 은혜요
나를 기다리는
사랑의 대상이었다.
눈에서 비늘이 벗겨졌다.

처음부터 세상은
아름다운 것이었다.
다만 내 마음이
찬바람이었다.

눈을 열고
손으로 잡으면
그것이 노래가 되어
나의 영혼에 내려왔다.

죄의 삯은 사망이요 하나님의 은사는 그리스도 예수 우리 주
안에 있는 영생이니라. Romans 6:23

17. 곤고한 사람

살아있기에
고뇌하는 것이다.
죽어있다면
고뇌할 필요도 없겠지.

잘 살려고
고뇌하는 것이다.
대충 살려면
무엇을 생각하겠는가?

무뇌인은
고뇌할 필요도 없다.
생각하지 않는 것이
죄악인 것이다.

거기에서
모든 죄악이 나온다면
고뇌할수록 죄가 면제될 것.
적어도 노력은 했지 않은가?

그러니 너무
자신을 학대하지 말라.

처절한 고투 후에
진실이 찾아온다.

모든 것이
거기에서 출발한다.
나는 거기에서부터
새로운 삶을 시작했다.

길을 걷다가
빛을 만났다.
그 빛을 통해
하늘이 열렸다.

걷지 않았는데
목적지에 도달하겠는가?
생각하지 않았는데
계시가 내려오겠는가?

오호라! 나는 곤고한 사람이로다. 이 사망의 몸에서 누가 나를
건져내랴? Romans 7:24

18. 생명의 법

솔직히 나는
두려움에서 출발했다.
율법을 지키면
되는 줄 알았다.

그것이 전부요
최고인 줄 알았다.
그렇게 하면
구원을 얻을 줄 알았다.

잠에 들 수도 없었고
마음을 놓을 수도 없었다.
날마다 칼날 위에서
고행의 삶을 살아야 했다.

몸에 맞지도 않는
영원히 이룰 수 없는
절망의 심연에
들어가야 했다.

그것은 얻는 것이 아니라
받는 것이었다.

하늘에서 주어지는
무상의 선물이었다.

두려움은
미움을 낳았고
미움은
절망을 낳았다.

그렇게 해서는
안식이 없었다.
다만 법을 지킴으로
진정한 안식을 얻을 수 있겠는가?

버림으로 얻어지는
은혜의 축복.
그것을 알기까지는
한 세상을 돌아와야 했다.

이는 그리스도 예수 안에 있는 생명의 성령의 법이 죄와 사망
의 법에서 너를 해방하였음이라. Romans 8:2

19. 육신의 생각

무엇이라도
하지 않으면 안 되었다.
그렇게 살면 그것이
죄가 되는 것 같았다.

그냥 앉아서
기다릴 수만은 없었다.
어찌 은혜를 무상으로
받을 수 있겠는가?

심지 않았는데
거둘 수가 없었다.
마음을 주지 않았는데
저절로 굴러들어오겠는가?

하늘의 마음을
잃어버릴까 두려웠다.
은혜와 감동이 없이
살아가고 싶지 않았다.

이런 나의 삶이
죄가 되는 것일까?

하늘의 은혜를
가리는 것일까?

문제는 그 노력이
자랑이 되는 것이었다.
차라리 아무것도 없었다면
하늘 앞에 겸손할 수는 있었겠지.

마음을 열고
기다리면 되었다.
주어지는 은총을
받아들이면 되었다.

그리고 하늘의 손을 잡고
주어진 길을 걷는 것이다.
겸손히 무릎을 꿇고
그 앞에 엎드리는 것이다.

육신의 생각은 하나님과 원수가 되나니 이는 하나님의 법에
굴복하지 아니할 뿐 아니라 할 수도 없음이라. Romans 8:7

20. 하나님의 상속자

나는 이곳에서
무엇을 기다리고 있는가?
오늘이 어제의 연속이라면
더 이상 살아갈 이유가 없다.

무언가
할 의지가 없다면
일어나 길을 걸을
의미도 없다.

사람들은 오늘도
무언가를 기다린다.
죽을 날을 기다리거나
특별한 행운을 기다린다.

기다린다는 것은
아직 희망이 있다는 것.
좀 더 나은
기적 같은 일을 원한다.

희망을 갖는 것도
구차하고 부담되고

그것도 괜스레 짐이 된다면
그 후에 남는 것은 무엇일까?

먹는 것조차
별스런 의미가 없어지고
살아갈 욕구가 사라진다면
갈 곳은 단 한곳밖에 없다.

이제 떠나야 할 때가 된 것이다.
모두 다 벗어버리고
먼지까지 훌훌 털어버린다.
삶을 끝내야 한다.

거기에서 다시 시작된다.
영광의 날을 기다리며
지금 여기에서
남아있는 숨을 쉰다.

자녀이면 또한 상속자 곧 하나님의 상속자요 그리스도와 함께
한 상속자니 우리가 그와 함께 영광을 받기 위하여 고난도 함
께 받아야 할 것이니라. Romans 8:17

21. 영광의 자유

나를 가져가라.
이제 끝낼 때가 되었다.
모든 것을 벗어버리고
그에게로 돌아가야 한다.

이제 그만
더러운 욕망을 끊고
무로 남아야 한다.
무엇을 더 바라는가?

아무것도
원하지 않는다.
아무런 기도도
아무런 소원도 없다.

처음 만났던
그 자리에 서야 한다.
거기에서 다시
하나가 되어야 한다.

원래 태어났던 곳.
다시 돌아가야 할 곳.

숨을 멈추고
그곳으로 가야 한다.

모든 것이
거기에서 시작되었다.
아직도 내려놓지 못하는 것.
아직도 무언가를 가지려하는 것.

그것을 위해
잡았던 줄을 놓아야 한다.
한 겹씩 옷을 벗고
그의 곁에 서야 한다.

경계도 없고
차별도 없는
초월의 세계.
거기에서 시작해야 한다.

그 바라는 것은 피조물도 썩어짐의 종노릇한 데서 해방되어
하나님의 자녀들의 영광의 자유에 이르는 것이니라. Romans
8:21

22. 탄식

그 소리가 들린다.
그만 나를 놓아 달라.
그만 너의 생각을
중지하라.

너의 마음을
나에게 연장하는
그 소리를
그만두라.

나는 왜 여기에 있는가?
적어도 나는
마지막 사랑을
불태우고 싶은 것이다.

오늘의 연속이
내일이 아니라
무언가 새로운 사랑을
기다리는 것이다.

과거의 연속이
오늘이 아니라

살아가는 의미를
확인하고 싶은 것이다.

마음을 열고
귀를 기울인다.
매일 새로운 사랑을
태어나게 해야 한다.

그것을 위해
오늘을 사는 것이고
그 사랑을 위해
지금 숨을 쉬는 것이다.

그렇게 나를 불태워
마지막까지 산화하는 것이다.
한 점 아쉬움도 없이
사랑의 언어를 남기는 것이다.

피조물이 다 이제까지 함께 탄식하며 함께 고통을 겪고 있는
것을 우리가 아느니라. Romans 8:22

23. 합력

틀린 것도 없고
잘못된 것도 없다.
모두가 거기까지
하늘의 뜻이다.

잘난 것도 없고
못난 것도 없다.
지금 있는 모든 것이
하늘의 형상이다.

좋은 것도 없고
나쁜 것도 없다.
모든 것이 거기까지
하늘의 은혜이다.

혼자서는 살 수가 없다.
모두가 같이 가는 것이다.
혼자서 잘 먹을 수 없고
혼자서 잘 있을 수 없다.

이웃이 죽어가는데
나만 잘 살 수 없고

생명이 탄식하는데
나 혼자 노래할 수 없다.

네가 아프면
나도 아픈 것이고
네가 기쁘면
나도 기쁜 것.

네가 죽어가면
나도 죽어갈 것이고
네가 썩어가면
나도 썩어갈 것이다.

우리가 하나라는 이 사실을 알면
그렇게 함부로 살아갈 수가 없는 법.
힘을 합하여 선을 이루어가는
그 삶이 우리의 희망이다.

하나님을 사랑하는 자 곧 그 뜻대로 부르심을 입은 자들에게
는 모든 것이 합력하여 선을 이루느니라. Romans 8:28

24. 분리

원래 하나이니
하나로 돌아간다.
어느 누구도
나눌 수 없다.

원래 한 몸이니
나누어질 수 없다.
그와 내가 나누어지면
생명은 끝이 난다.

이 사실을 안다면
그렇게 함부로 쉽게
침을 뱉을 수는 없다.
그것은 자신을 더럽히는 것.

하늘을 향해
침을 뱉지 말고
어머니의 땅에다
쓰레기를 남기지 말라.

생명을 귀히 여기고
존재를 나로 여기라.

서로의 손을 잡아
죽음을 물리쳐야 한다.

잘 살기에도 부족한 시간.
하루의 숨을 쉬고
하루를 연명함이
하늘의 은혜이다.

우리는 모두
사랑이라는 이름으로
연대의 눈물을 흘린다.
하나의 연민을 가진다.

그와 나를 나눌 수 없고
나와 너를 끊을 수 없으니
서로의 손을 잡고
순례의 길을 걸어야 한다.

높음이나 깊음이나 따른 어떤 피조물이라도 우리를 우리 주
그리스도 예수 안에 있는 하나님의 사랑에서 끊을 수 없으리
라. Romans 8:39

25. 슬픔

눈물을 흘린다.
마음이 아프다.
아이의 눈망울이
나를 끌어들인다.

아픔을 보고도
슬픔이 없는 것은
양심에 화인을 맞은
야수의 행태이다.

야수도 동족의 고통에
공감의 행동을 한다.
짐승만도 못한 것들이
세상에 널려있다.

자기만 배불리며
자기에 함몰되는
세상의 풍조 속에서
어떻게 살아야 할 것인가?

거기에서
우리의 삶은 출발한다.

그것 때문에
오늘을 사는 것이다.

그것이 없다면
살아있다는 것이 무엇이며
하루의 숨을 쉬는 것이
무슨 의미를 가지는가?

그만 너의 존재를 그치라.
허공에 더러운 숨을 남기고
땅 위에 오물을 남기는 것이
너의 삶의 전부인가?

그것을 멈추려고
우린 여기에 온 것이다.
기나긴 길을 걸어
하늘에 이르기 위해…

나에게 큰 근심이 있는 것과 마음에 그치지 않는 고통이 있는
것을 내 양심이 성령 안에서 나와 더불어 증언하노니. Romans
9:2

26. 약속의 자녀

너는 나의 형상이다.
나의 모습대로
너를 생각했다.
생각은 현실이 된다.

주어진 너의 형상에
나의 영혼을 불어넣었다.
하늘을 생각하는
거룩한 영혼이다.

하여 이제
하늘의 숨을 쉬며
하늘의 뒤를 따라
하늘의 길을 걸어간다.

생명의 노래를 부른다.
에고의 사랑이 아닌
우주까지 확장된
영원의 사랑이다.

너도 없고
나도 없이

우리만 존재하는
하나의 세계.

생명의 씨는
죽지 않는다.
잠깐 땅으로 들어가
때를 기다리는 것.

약속을 붙잡고 걸어간다.
절망과 죽음을 넘어
희망과 부활의 땅에서
날마다 새롭게 태어난다.

이대로 죽을 수 없다.
무언가 새로운 씨를 심어
영원히 죽지 않는
열매를 맺어야 한다.

곧 육신의 자녀가 하나님의 자녀가 아니요 오직 약속의 자녀
가 씨로 여기심을 받느니라. Romans 9:8

27. 토기장이

나를 빚으소서!
당신의 생수를 담아
성소에 드리는
진리의 그릇으로

당신께 드리는
기도를 담아
정성으로 바치는
소원의 항아리로

그저 당신의 발치에
다소곳이 앉아
발을 씻어드리는
세족의 그릇으로

당신과 함께라면
당신의 곁이라면
귀하고 천한 것이
어디에 있으리이까?

모든 것이 당신의 뜻이지만
그래도 나의 마음을 받으사

조그만 은혜라도 베푸시면
감사와 감격에 넘칩니다.

고통과 고뇌의
시간이 지나면
당신과 하나 되어
영원의 동산을 거닙니다.

당신의 노래를 부릅니다.
생명의 숨으로
당신께 드리는
삶의 예배이니

당신의 성소에 걸어놓을
거룩한 그림을 그려
지금 거기에
나의 혼을 불어넣습니다.

토기장이가 진흙 한 덩어리로 하나는 귀히 쓸 그릇을, 하나는
천히 쓸 그릇을 만들 권한이 없느냐? Romans 9:21

28. 고백

지금까지 나는
내 삶의 주인이었다.
내가 판단하고
내가 생각하고

그의 자리는
나에게 없었다.
내가 바로 서야
그도 설 수 있었다.

내가 판단의 기준이고
그것을 깨뜨리는 자는
나의 원수이고
나의 적대자였다.

너에게 지금
삶의 주인이 누구인가?
그를 네 삶의 주인으로
고백할 수 있겠는가?

그의 뜻을 따라
다 내려놓을 수 있겠는가?

진정 네가 너의 자리에서
내려올 수가 있겠는가?

그 전까지
너의 모든 삶과
너의 모든 말은
한낱 유희에 불과한 것.

그 후에야 나를 위해
죽을 수 있을 것이다.
그때에야 너에게
새 삶이 찾아올 것이다.

죽어도 다시 산다면
그것을 진정으로 믿는다면
아무것도 무섭지 않을 것이다.
너를 통해 역사가 일어날 것이다.

네가 만일 네 입으로 예수를 주로 시인하며 또 하나님께서 그
를 죽은 자 가운데서 살리신 것을 네 마음에 믿으면 구원을 받
으리라. Romans 10:9

29. 들음

제대로 듣고
제대로 알아야 한다.
듣는 자는 알게 될 것이고
깨달은 자는 일어날 것이다.

지금 무엇을 듣고 있는가?
무조건 들리는 대로
듣는 것이 아니라
분별해서 들어야 한다.

믿는다는 것은
안다는 것이다.
비판 지성의 상실은
맹목 신앙을 가져온다.

가장 무서운 죄는
인간성에 대한 무지이다.
생각하지 않는 것은
방향을 알지 못한다.

자기의 이익을 위해
상대방을 물고 들어가

같이 죽자는 자들.
물귀신 작전이다.

너 죽고 나 죽자며
네가 죽어야 내가 산다며
어차피 못 먹을 감
찔러나 보자고 한다.

잘 들어야 한다.
마음을 열고
아무런 편견이 없이
귀를 열어야 한다.

정신을 차리고
깨어있어야 한다.
존재하지 않는 것보다
못한 것이 될 수도 있다.

그러므로 믿음은 들음에서 나며 들음은 그리스도의 말씀으로
말미암았느니라. Romans 10:17

30. 남은 자

그들을 통하여
역사가 일어난다.
끝까지 살아남아
역사를 증언한다.

그 의지를 가져야 한다.
하늘의 은혜를 나누는
축복의 도구로
쓰임 받는 삶.

살려고 하는 자는
살아남게 될 것이고
포기하는 자는
저절로 사라지게 되리니

어디든지
남은 자가 있다.
하늘이 숨겨 놓은
생명의 영혼들.

어떠한 상황에서도
자기의 자리에서

불멸의 기도를 드리는
깨어있는 영혼들.

그들이 희망이다.
그들을 보아야 한다.
세상은 살아갈 만한
가치가 있지 않은가?

그것 때문에 나는
눈을 감을 수 있다.
사랑하시는 자에게
주시는 단잠이다.

먹는 것이 전부가 아닌
생명을 사랑하고
하늘의 꿈을 이루어가는
마지막 불꽃이다.

그런즉 이와 같이 지금도 은혜로 택하심을 따라 남은 자가 있
느니라. Romans 11:5

31. 돌감람나무

조금이라도
꺾여야 된다.
그래야 거기에 붙어
희망이 생긴다.

꺾어져야 한다.
피를 흘려야 한다.
세상에 희생이 없이
된 일이 있었던가?

거기에 붙여진바 된
그것이 은혜이다.
땀 흘려 내려온 모든 것은
역사의 결정이다.

없어지는 것도 없고
사라지는 것도 없다.
모두가 거기까지
완성한 것이다.

그것이 우리의 희망이다.
나로써 끝나지 않고

또 다른 후예가
역사를 이어간다.

사실이 이러하니
절망할 것이 없다.
할 수 있는 만큼
하면 되는 것이다.

은혜가 내려와도
좋은 것이고
내려오지 않아도
그만큼 이룬 것이다.

여기까지 온 것도
하늘의 은혜이거늘
더 이상 바랄 것도 없고
욕심을 부릴 것도 없다.

또한 가지 얼마가 꺾이었는데 돌감람나무인 네가 그들 중에
접붙임이 되어 참감람나무 뿌리의 진액을 함께 받는 자가 되
었은즉. Romans 11:17

32. 갚으심

수많은 사람들이
길을 걸어가고 있다.
그것이 자기의 길이고
최상의 길이라면서

그렇게 걸어가면
행복하게 될 것이고
잘 될 것이라며
최면을 건다.

나름대로 열심이다.
땀을 흘리며
핏대를 세우며
죽을지 살지 모른다.

그 길이 올바르단다.
다른 길은 없단다.
한 번뿐인 세상이니
잘 살아야 한단다.

자기가 세상에 온 것이
누구의 뜻인지,

무슨 의미인지,
아무런 관심도 없다.

먼저 자리에 앉아
입안에 처넣고
배가 부르면
떠오르는 생각.

심은 대로 거두며
일한 대로 받는다면
무엇을 거두며
무엇을 받게 될 것인가?

이것이 길을 걸으며
나에게 떠오르는 생각이다.
내 자리에 앉아서 올리는
하늘의 기도이다.

누가 주께 먼저 드려서 갚으심을 받겠느냐? Romans 11:35

33. 산 제물

살아야 한다.
죽는 순간
썩기 시작하고
냄새가 풍겨오니

살아있는 것을 원한다.
죽지 말라.
영혼이 살고
정신이 살아야 한다.

그것을 드리라.
내가 원하는 것이
바로 그것이니
그것을 알라.

조문에 얽매인
죽은 믿음이 아닌
하늘의 길을 걸어가는
산 신앙을 가져야 한다.

죽은 고기는
물을 차고 올라갈 수 없다.

시대의 조류를 따라
흘러가는 고기들.

그것을 내게
가져오지 말라.
코를 움켜쥐고
머리를 흔든다.

다 좋은 것은
진짜 좋은 것이 아니고
다 그럴듯한 것은
하나도 그럴듯하지 않다.

매일 새롭게 태어나
순수한 미소로 살아가는
그 신선한 삶을
드려야 한다.

그러므로 형제들아, 내가 하나님의 모든 자비하심으로 너희를
권하노니 너의 몸을 하나님이 기뻐하시는 거룩한 산 제물로
드리라. 이는 너희가 드릴 영적 예배니라. Romans 12:1

34. 분별

조금 다르게 하라.
물을 거슬러 오르라.
그대로 똑같이 한다면
또 존재할 필요가 무엇인가?

네가 없어도
세상은 넘친다.
똑같은 다른 것이
더 존재할 필요는 없다.

너의 창조주도
다르게 만들지 않았느냐?
똑같은 길은 없고
똑같은 태양은 없다.

오늘의 하루가
어제의 하루가 아니고
내일의 하루가
오늘의 하루와는 다를 것.

때를 알고
자리를 알면

지혜의 계시가
은혜로 임하리라.

자신 안에 진리가 있으면
어디서든 밝게 빛날 것인즉
네 안에 어둠이 짙으면
무엇을 볼 수 있을 것인가?

하루의 길을 걸어도
그의 길을 걸어야 하고
하루의 숨을 쉬어도
그의 숨을 마셔야 한다.

그렇지 않다면
사는 것이 무엇이며
하루의 삶을 연장함이
무슨 의미를 가지는가?

너희는 이 세대를 본받지 말고 오직 마음을 새롭게 함으로 변
화를 받아 하나님의 선하시고 기뻐하시고 온전하신 뜻이 무엇
인지 분별하도록 하라. Romans 12:2

35. 믿음의 분량

거기까지 한다.
더 이상은 안 된다.
할 수 있는 것이 있고
할 수 없는 것이 있다.

다 할 수 있어도
다 하지 않고
다 먹을 수 있어도
다 먹지 않는다.

나 혼자
일어서지 않는다.
그가 일으키시면 일어나고
그가 앉히시면 자리에 앉는다.

그보다 앞서지 않고
그보다 뒤서지 않는다.
그와 함께 그를 따라
길을 걷는다.

하지 못한다고
물러서지 않고

할 수 있다고
자만하지 않는다.

주어진 분량만큼
감당하면 되는 것이고
그보다 넘어서면
시험에 들 것이니

언제나 나를 살펴
낮은 데 처한다.
그가 일으키시면
영광이 될 것이다.

절제하는 마음이
천하를 다스릴 것이요
조금씩 남겨두면
다시 시작할 수 있으리라.

내게 주신 은혜로 말미암아 너희 각 사람에게 말하노니 마땅
히 생각할 그 이상의 생각을 품지 말고 오직 하나님께서 각
사람에게 나누어 주신 믿음의 분량대로 지혜롭게 생각하라.
Romans 12:3

2 장

그리스도의 향기

36. 즐거움으로

내 백성을 위로하라.
둘이 하나가 되어
평화의 세상을
만방에 전하라.

네가 살아야
내가 살 것이고
내가 살아야
네가 살 것이니

서로 물고 뜯으면
피차에 망하리라.
한쪽이 죽으면
너도 죽으리라.

네가 이 땅에 있는 것은
바로 이것을 위함이니
너의 존재함은
이 역사를 이루는 것이다.

베푸는 것은
관대하게 해야 한다.

인색하거나 줄이는 것은
사랑을 외면하는 것이다.

마음껏 사랑하라.
넘치도록 안겨주라.
사랑하고 나누는 것처럼
큰 즐거움이 어디에 있겠느냐?

억지로
마지못해 하는 것은
하기는 하는 것이지만
그것이 오래갈 수는 없다.

마음껏 기쁨으로
신나게 즐기면서
너의 길을 걸어가라.
그때, 하늘도 문을 열어 주리라.

위로하는 자면 위로하는 일로(encouraging) 구제하는 자는 성
실함으로(generously) 다스리는 자는 부지런함으로(diligently)
긍휼을 베푸는 자는 즐거움으로 할 것이니라. Romans 12:8

37. 열 심

새날이 시작되었으니
새로운 길을 걸어가라.
한 번도 걸어보지 못한
그 길을 걸으라.

언제나 새 날이요
항상 낯선 길이니
기대를 가지고
경이로 맞이하라.

그 마음을 잃으면
모든 것을 잃는 것이다.
생명이 다하는 순간까지
이 마음을 간직하라.

시간이 흐르고
강물도 흘러가니
흐르지 않으면
멈추어버릴 것이다.

언제가 마지막 날인가?
숨을 멈추는 그 날.

걷기를 그만두는 날.
세상을 떠나는 날일 것이다.

모든 것을 마치고
자유가 되는 날.
그날을 기다리며
지금 여기를 살아간다.

그날까지
성심을 다하라.
마지막 숨까지
다 태워버리라.

그 날, 거기에서
그를 만나는 날.
서로를 얼싸안고
기쁨을 나누리라.

부지런하여 게으르지 말고 열심을 품고 주를 섬기라. Romans
12:11

38. 남 김

내가 하지 않는다.
그가 하실 날.
그가 하시도록
그의 때를 기다린다.

그의 방을 남겨둔다.
그가 거하실 방.
그가 행하실 방.
그가 갚으실 방.

그보다
앞서지 않는다.
그가 하실 일을
내가 하지 않는다.

그만큼 품이 넓어야
그를 따를 수 있다.
그를 좁게
만들지 않아야 한다.

내 손에
그가 계신다.

그의 손에
나를 드린다.

그때까지
참아내야 한다.
먼저 움직이는 자가
자신을 드러내는 법.

기회는 항상 있다.
먼저 한 것이 나중 되고
나중 된 것이
먼저 될 수 있다.

자연스럽게
때를 따라 이뤄지도록
모든 것을
그의 손에 맡기는 것이다.

내 사랑하는 자들아, 너희가 친히 원수를 갚지 말고 하나님의
진노하심에 맡기라. 기록되었으되 원수 갚는 것이 내게 있으니
내가 갚으리라고 주께서 말씀하시니라. Romans 12:19

39. 권세

하늘이 내시지 않았으면
네가 있을 수 있겠느냐?
하늘이 주신 것이니
떨면서 사용하라.

조금 빗나가도
피가 흐르게 되고
몸짓만 삐끗해도
산천이 걱정한다.

너의 말 하나로
생명이 희망을 가지고
너의 욕망하나로
세상이 절망하니

거룩한 길을 걸어
하늘의 뜻을 이루라.
생명을 사랑하여
피를 흘리지 말라.

많이 맡은 자에게는
많이 달라 할 것이요

많이 받은 자들은
많이 갚아야 할 것이니

많이 가지지 말라.
많이 움켜쥐지 말라.
너의 손을 벌려
베풀고 나누라.

네가 행한 모든 것은
하늘이 갚으실 것이니
손에 가지지 않음이
차라리 나을 수도 있다.

네가 한 만큼
존경을 받을 것이요
만물이 너의 발 앞에서
하늘에 영광을 돌리리라.

각 사람은 위에 있는 권세들에게 복종하라. 권세는 하나님으로
부터 나지 않음이 없나니 모든 권세는 다 하나님께서 정하신
바라. Romans 13:1

40. 하나님의 사역자

다만 그의 뜻을
조금씩 이루어 갈 뿐이다.
그 외의 그 어떤 것도
내게는 할 자유가 없다.

그 외의 어떤 것도
그 앞에선 죄가 된다.
선한 것이 하나도
내 안에 없다.

추호의 흔들림 없이
그의 길을 걸어간다.
날마다 자아를 쳐서
십자가에 못 박는다.

내가 이 땅에 존재함은
채우기 위함이 아니라
더러운 욕망을
버리기 위함이다.

나를 바라보면
방향을 잃어버린다.

하늘을 바라보며
길을 걸어간다.

욕망을 추구하니
화가 차오르고
억누른 욕망이
밖으로 튀어 나온다.

이제 욕망이 없으니
억누를 필요도 없다.
언제 그가 나를 불러도
돌아갈 준비가 되어 있다.

내 주장을 하지 않고
내 의견을 말하지 않는다.
다만 그의 뜻을
조금씩 따라갈 뿐이다.

그는 하나님의 사역자가 되어 네게 선을 베푸는 자니라. 그러
나 네가 악을 행하거든 두려워하라. 그가 공연히 칼을 가지지
아니하였으니 곧 하나님의 사역자가 되어 악을 행하는 자에게
진노하심을 따라 보응하는 자니라. Romans 13:4

41. 완성

밑 빠진 독,
터진 웅덩이.
채우고 채워도 채워지지 않는
끝없는 공허와 허무가 내려왔다.

그것은 채워야 할 것이 아니라
버려야 할 것이었다.
전혀 다른 것을 찾는
하늘의 세계가 필요했다.

육으로 난 존재는
채워야 하는 것이지만
영으로 난 존재는
버려야 했다.

방향이 틀리면
걸을수록 멀어지고
목적이 틀리면
열심이 재앙이었다.

죽으면 죽고
밝으면 밝히며

죽어서 다시 사는
생명을 찾아야 했다.

무릎을 꿇고 순복하는
거룩한 삶이 있어야 했다.
그것이 아니라면 사는 것이 무엇이며
생존이란 도대체 무엇이란 말인가?

다시 눈을 떠야 했다.
세상에 눈을 감고
하늘에 눈을 떠서
날마다 무덤에 들어가야 했다.

이제 그의 품으로
돌아가야 할 시간.
그만 손을 허우적대고
욕망의 기도를 그친다.

사랑은 이웃에게 악을 행하지 아니하나니 그러므로 사랑은 율
법의 완성이니라. Romans 13:10

42. 빛의 갑옷

나를 사랑하는 것처럼
나의 땅을 사랑하라.
나를 생각하는 것만큼
나의 생명을 생각하라.

네가 서 있고
네가 살아가는 세상.
나에게 무릎을 꿇는 것처럼
모든 생명 앞에 무릎을 꿇으라.

너의 입으로만
찬양을 하지 말고
너의 삶으로
나를 찬양하라.

살아있는 모든 것은
다 거룩한 것이니
나를 예배하는 것처럼
모든 생명을 사랑하라.

그렇게만
순간을 살아간다면

무엇이 두려울 것이며
무엇이 아쉬울 것인가?

이제 그만
너의 입을 닫으라.
시끄러운 소리를 그치고
깨달은 소리를 내라.

들은 소리를 멈추고
하늘의 소리를 내라.
처음에 내가 말했던
그 근원의 소리.

소리가 있음으로
세상이 시작되었던
그 빛과 생명의 소리.
그 소리를 옷 입으라.

밤이 깊고 낮이 가까웠으니 그러므로 우리가 어둠의 일을 벗
고 빛의 갑옷을 입자. Romans 13:12

43. 업신여김

아래로 보지 말라.
가볍게 판단하지 말라.
아무런 판단도 없이
무심으로 돌아가라.

위에 있는 자는
내려다보지 말고
아래에 있는 자는
올려다보지 말라.

너보다 못한 것이
세상에 어디에 있으며
너보다 아래인 것이
하늘 아래에 또 있겠는가?

나쁜 것이
어디에 있으며
헛된 것이
어디에 있는가?

믿음으로 받으면
모든 것이 가하고

감사로 받으면
모든 것이 은혜이니

편을 가르지 말고
함부로 판단하지 말라.
아직도 그 자리에
머물러 있느냐?

하늘의 뜻을 모르고
걸어갈 길을 모르면
살았다 하나
실상은 죽은 것이니

하루를 살아도
하늘의 뜻을 따르면
그것이 영원으로
이어지게 되리라.

먹는 자는 먹지 않는 자를 업신여기지 말고 먹지 않는 자는 먹
는 자를 비판하지 말라. 이는 하나님이 그를 받으셨음이라.
Romans 14:3

44. 주인(The Lord)

그가 나의 주인입니다.
나는 그의 소유입니다.
그가 나를 살렸고
나에게 생명을 주셨습니다.

그는 나에게
모든 것을 주셨습니다.
마지막 피 한 방울까지
나에게 주고 가셨습니다.

내가 갈 바를 알지 못하고
어둠의 광야를 헤매고 있을 때에
그가 나에게
찾아오셨습니다.

그를 통해 나는
새 하늘을 보았고
새로운 생명의 삶을
시작하게 되었습니다.

그가 아니라면
나는 아무것도 아니며

나의 모든 것은
티끌이었습니다.

이제 귀한 것도 없고
세상의 욕망도 없으며
그와 함께 길을 걷는 것이
나의 목표가 되었습니다.

그것은 판단을 뛰어넘고
분별의 한계를 넘어서서
나 자신이 먼지임을 깨닫는
소명의 시간이었습니다.

세상의 가치와
죽음을 초월하는
그 경지에 이르렀을 때에
나에게 새 하늘이 시작되었습니다.

우리가 살아도 주를 위하여 살고 죽어도 주를 위하여 죽나니
그러므로 사나 죽으나 우리가 주의 것이로다. Romans 14:8

45. 속된 것

더러운 것도 없고
깨끗한 것도 없다.
모두가 믿음으로 받으면
피가 되고 살이 되니

다름과 틀림을 가르는
거기에서부터
너희의 모든 문제가
생기는 것이다.

마음 한 번 잘 먹으면
모든 것이 복이 되고
마음 한 번 틀어지면
모든 것이 화가 되니

내가 어찌 거기에
머물러 있겠느냐?
내가 있어야 자리는
거기가 아닌 것이다.

하늘에 올라
바람을 타고 흘러가

모든 것이 하나가 되는
그곳이 내가 있어야 할 곳이니

나를 더 이상
그곳으로 끌고 가지 말라.
나에게 더 이상
소리를 치지 말라.

원래 진리란
소리를 지르지 않아도
저절로 자신이
밝혀지는 것이니

말하기 전에
존재하는 것이요
생명이 하나가 되는
그 세계가 있는 것이다.

내가 주 예수 안에서 알고 확신하노니 무엇이든지 스스로 속
된 것이 없으되 다만 속되게 여기는 그 사람에게는 속되니라.
Romans 14:14

46. 희락

거룩한 바람을 따라
하늘의 길을 거닌다.
그것이 아니라면
삶의 의미가 없다.

그의 뜻을 따라
의의 길을 걷는다.
나만의 의가 아닌
모두가 같이 사는 것.

그 안에 거함으로
진정한 평화를 얻는다.
그 어느 것도 그의 사랑에서
우리를 끊을 수 없다.

그것이 우리의 기쁨이다.
누구도 빼앗을 수 없는
경이와 신비의 세계에서
영원의 희락을 얻는다.

그것을 잃으면
모든 것을 잃는 것.

자신의 사랑을
잃어버리고 싶지 않다.

그 안에서 우리는
날마다 길을 걸으며
우리 자신을
세워나가야 한다.

그것이 내가
어둠 속에서 눈을 떠
이렇게 하염없이 앉아있는
한 가지 이유이다.

눈을 감으면
내가 보인다.
그의 손 안에서
무아의 기도를 올린다.

하나님의 나라는 먹는 것과 마시는 것이 아니요 오직 성령 안
에 있는 의와 평강과 희락이라. Romans 14:17

47. 충만한 복

용기를 내라.
그 안에 거하라.
그러면 그의 은혜를
깨닫게 되리라.

지금까지 진리가
패한 적이 없다.
잠깐만 조금씩
참아내면 된다.

순간에 지나지 않는다.
그 후에는
무엇에도 비할 수 없는
영광이 찾아올 것이다.

그 까짓것
한 번 죽는 것이다.
비참하게 영원을 살 것인가?
담대하게 현재를 이겨낼 것인가?

우리의 스승도
그렇게 사셨다.

한 번 죽는 것이지
두 번 죽지 않는다.

그 누구도
빼앗을 수 없는
영원한 기쁨과
영생의 축복.

그를 따르는 자,
모두가 누리게 될
은혜의 순간이
기다리고 있다.

그것이 진정한 복이다.
영원히 사라지지 않고
영원히 빛을 발할
하늘의 별이 되는 것이다.

내가 너희에게 나아갈 때에 그리스도의 충만한 복을 가지고
갈 줄을 아노라. Romans 15:29

48. 뵈 뵈 (Phoebe)

부드러운 손길,
사랑의 음성.
태초에 들렸던
생명의 소리.

옆에서 도와주며
힘을 북돋우는
사랑의 그들이
있어야 한다.

어떤 고난에도 흔들리지 않고
어떤 핍박에도 다시 일어서는
그들이 세상의 희망이며
그들이 거룩한 불꽃이다.

피곤한 우리는
그들의 사랑 때문에
지금을 살아가고
어둠을 이겨낸다.

하늘이 내신
부드러운 사랑.

그들 때문에 우리는
다시 일어설 수 있다.

역사에 길이 남아
한 페이지를 장식하는
불굴의 여인들.
생명의 자매들.

우리는 그들을
사랑이라 부른다.
역사에 사라지지 않는
희망이라 부른다.

그들이 있기에
우리는 다시 일어서
마지막 기도를
드릴 수 있다.

내가 겐그레아 교회의 일꾼으로 있는 우리 자매 뵈뵈를 너희
에게 추천하노니. Romans 16:1

49. 동역자

그들이 있기에
오늘의 내가 있다.
그들과 함께함으로
역사가 이루어진다.

같이 가야 한다.
손을 잡아야 한다.
혼자라면 힘들지만
둘이라면 견딜 수 있다.

둘이 힘을 합하여
같이 기도를 드리면
어떤 어려움도 이겨낼 수 있다.
하늘도 문을 열어 길을 내어준다.

하여 우리는 이렇게
같이 어둠의 세상을
걸어가는 것이다.
희망을 놓지 않는 것이다.

의지를 가지고
하늘의 뜻을 이루어가는 것이다.

이 한 가지를 이룬다면
어떤 아쉬움도 남지 않을 것.

그것을 위해
오늘을 사는 것이다.
남은 숨을 아끼며
기도를 올리는 것이다.

그 하나가 있다면
살만한 희망이 있다.
둘이 같이 간다면
죽음의 길도 외롭지 않다.

그렇게 마지막까지
길을 가는 것이다.
모든 것을 마치고
손을 잡는 것이다.

너희는 그리스도 예수 안에서 나의 동역자들인 브리스가와 아
굴에게 문안하라. Romans 16:3

50. 가정 교회

우리는 그렇게 시작했다.
가장 작은 것에서
가장 위대한 일이
이루어진다.

무엇이든
처음부터 큰 것은 없다.
모든 역사는
작은 씨에서 시작된다.

믿음으로 시작하면
나머지는 하늘이 하실 것.
그 희망으로
오늘을 살아간다.

처음에 찾아오는 자가
하늘이 보내신 자이다.
하늘은 준비한 자를
보내어 주신다.

그리고 그와 함께
끝까지 가는 것이다.

마지막 한계까지
견디어내는 것이다.

그 마음을 가지면
부족함이 없을 것.
언젠가 때가 되면
열매를 맺을 것이다.

시간이 중요하다.
하늘에 올려지는
첫 열매가 되기 위해
새벽에 일어나 기도를 드린다.

오늘을 보내며
내일을 기다리며
지금 여기에서
삶의 예배를 드린다.

저의 집에 있는 교회에도 문안하라. 내가 사랑하는 에배네도에
게 문안하라. 그는 아시아에서 그리스도께 처음 맺은 열매니
라. Romans 16:5

51. 거룩한 입맞춤

원래 하나라는 것을 안다면
그렇게 살지는 않을 것이다.
서로를 돌아보며
사랑의 기도를 드릴 것이다.

그렇지 않다면
그것은 사랑이 아니며
자신에 파묻힌
욕망의 덩어리일 것이다.

잘 지내는가?
잘 사는가?
마음의 오고감이
삶의 시작이다.

같은 태양을 바라보며
같이 살아가는 것이고
같은 물을 마시며
같이 숨을 쉬는 것이다.

웃음을 보내며
관심을 가지지 않는다면

우리는 과연 무엇을 위해
기도를 드리는 것인가?

힘을 내야 한다.
혼자가 아니고
같이 살아가는
또 다른 몸이 있다는 것.

그들을 생각하며
그날을 기다린다.
같이 피를 나눈
생명의 사람들.

한 하늘 아래에서
생명을 나눈 사람들.
그들이 있기에
내가 있는 것이다.

너희가 거룩하게 입맞춤으로 서로 문안하라. 그리스도의 모든
교회가 다 너희에게 문안하느니라. Romans 16:16

52. 부르심

마지막 시점이었다.
더 이상 희망도 없고
더 이상 나아갈 수 없는
막다른 골목이었다.

어디를 둘러봐도
살아갈 희망이 없고
아무도 진리를 찾지 않는
어둠의 세상 속에서

한줄기 들려오는
하늘의 소리가 있었다.
나의 눈앞에서
천둥이 일어났다.

일어나라.
새롭게 시작하라.
너의 때가 되었다.
새날이 열리게 되리라.

어둠의 터널을 지나왔다.
아무것도 모르고

가시채가 되어
긴 세상을 살아왔다.

이제 때가 된 것이다.
그렇지 않으면 사는 것이
하늘의 벌이 될 것이었다.
더 이상은 그렇게 살 수가 없었다.

그것은 그의 은혜였다.
인생을 살다가보면
때론 그런 시간이
찾아올 때도 있다.

다시 시작하는 것이다.
긴 세월을 걸으며
지나온 잘못을 돌이키며
회개의 삶을 사는 것이다.

하나님의 뜻을 따라 그리스도 예수의 사도로 부르심을 받은
바울과 형제 소스데네는. 1Corinthians 1:1

53. 성도

그 길이 끝난 후에
새로운 길이 열릴 것.
그때부터 우리는
새 길을 걸어야 한다.

날마다 가지를 쳐내야 한다.
틈만 주면
까마귀가 날아와
자기의 둥지를 튼다.

사람들은 자기가 부르는
그 이름을 닮아간다.
광야에 홀로 앉아
무심에 잠긴다.

그래서 나의 스승도
이렇게 광야에 거하셨나보다.
자리에 앉으면
내가 보인다.

눈을 감으면
무엇이 보이는가?

보이는 그것이
너를 이끌어 간다.

집착을 버려야 한다.
생명의 진리를 찾아
아침마다 마음을 다잡고
길을 떠나야 한다.

버리지 못하면
그것에 둘러싸여
마음의 눈이 멀 것이고
길이 보이지 않을 것이다.

지금 네가 걸어가는
그 길을 나에게 말하라.
그러면 너의 목적지를
내가 알려줄 것이다.

고린도에 있는 하나님의 교회 곧 그리스도 예수 안에서 거룩
하여지고 성도라 부르심을 받은 자들과 또 각처에서 우리의
주 곧 그들과 우리의 주 되신 예수 그리스도의 이름을 부르는
모든 자들에게. 1Corinthians 1:2

54. 교제

매일 생각하고
매일 만나는 그것이
우리의 삶을
결정하게 된다.

누구와 같이
길을 걸어가느냐,
찾아가는 그것이
삶의 방향을 말해준다.

그를 생각해야 한다.
그의 걸어가신
그의 삶을 따라
길을 걸어야 한다.

그 외의 길은
헛되고 공허한 것.
깊은 허무와
슬픔만 남길 것이다.

내가 걸었던 그 길이
바로 그것이었다.

율법과 조문을 따라
열심이 일어났다.

그에 대한 열심이
나를 구원하리라 생각했다.
적어도 구원을 위해서는
희생이 있어야 했다.

삶이란 그렇게
희열에 찬 것이 아니었고
창백한 금욕을 따라
내려오는 것이라 생각했다.

그때 그가 찾아오셨다.
나를 먹으라.
나와 함께 거하자.
나와 같이 길을 걸어가자.

너희를 불러 그의 아들 예수 그리스도 우리 주와 더불어 교제
하게 하시는 하나님은 미쁘시도다. 1Corinthians 1:9

55. 같은 뜻으로

날마다
새날을 기다린다.
무언가 새로운 일이
일어나야 한다.

그와 합하여
한몸을 이루어야 한다.
그의 손을 잡고
길을 걸어야 한다.

따뜻한 온기가
마음을 덥혀 준다.
혼자 걸어가는 세상은
외로운 법이다.

그의 웃음이
나의 마음이 되고
나의 사랑이
그의 힘이 된다.

언제나 눈은
하늘을 향한다.

나의 도움이
어디서 올 것인가?

사랑이 아니라면
무엇이 웃음을 줄 것인가?
그것으로 우리는
힘든 세상을 살아갈 수 있다.

그것이 우리의 기도이다.
자기의 자리에서
진리의 촛불을 밝혀
어둠을 걷어내야 한다.

아이야,
우리 힘을 내자.
마지막 힘을 다해
주어진 길을 걸어가자.

형제들아 내가 우리 주 예수 그리스도의 이름으로 너희를 권
하노니 모두가 같은 말을 하고 너희 가운데 분쟁이 없이 같은
마음과 같은 뜻으로 온전히 합하라. 1Corinthians 1:10

56. 십자가의 도

버려야 한다.
그것이 진정으로
우리가 살아갈 길이다.
그렇게 살아야 한다.

모든 욕망을
십자가에 못 박아야 한다.
그래야 자유로
부활할 것이다.

그리하여 하늘까지
오를 수 있도록
헛된 것을 버리고
가볍게 해야 한다.

많이 먹은 자는
날지 못할 것이다.
영원한 스올에서
헤매게 될 것이다.

이것이 버려야 얻는
십자가의 길인즉

지금 너희는
무엇을 찾고 있는가?

그렇게 살다가
하늘로 돌아가야 한다.
영원한 안식에
거해야 한다.

그의 발 앞에
머리를 숙인다.
그렇게 함께하여
삶을 살아간다.

이것밖에
자랑할 것이 없다.
그와 함께 마지막까지
길을 걸어가는 것.

십자가의 도가 멸망하는 자들에게는 미련한 것이고 구원을 받
는 우리에게는 하나님의 능력이라. 1Corinthians 1:18

57. 하나님의 성전

우리는 언제
무로 돌아갈 것인가?
모든 소원을 불로 다 태운 후
한 점 연기로 사라질 날.

그 날이 내가
하늘로 돌아가는 때일 것.
아무것도 남기지 않고
그에게로 돌아가야 한다.

그가 내 안에 거하고
빈 허공만 남을 때
그때 그가 나에게 찾아와
그로 충만하게 될 것이니

아직 그는 나에게로
들어오실 수가 없다.
내 안에
욕망으로 가득 차

지금 그가 들어오시면
그까지 더러워질 것인즉

그의 때가 되지 않았고
나의 때도 아직 멀었다.

알지 못한다.
하루가 천년이고
천년이 하루인 것처럼
시간을 넘어서 살아야 한다.

그냥 자리에 앉는 것이다.
아무것도 바라지 않고
기적처럼 찾아 올
그날을 기다리는 것이다.

이렇게 싸우다 가는 것일까?
그가 내 안에 오셔서
그의 역사를 이루실 것인가?
기다림은 과연 희망인 것인가?

너희는 너희가 하나님의 성전인 것과 하나님의 성령이 너희
안에 계시는 것을 알지 못하느냐? 1Corinthians 3:16

58. 하나님의 비밀

버려야 산다.
자기에게 주어진
삶의 십자가를 지고
그를 따라야 한다.

살아있는 모든 존재는
다 거룩한 것.
우린 그 생명들을
두 손으로 사랑해야 한다.

믿음으로
희망을 가지고
사랑으로 살아야 한다.
그것이 바로 우리의 구원이다.

구원이란 자유의 삶이다.
천국에 들어가는
순간 이동이 아니라
존재의 변화이다.

이것을 알고
그를 따르면

진리로 자유를 얻는
구원의 삶을 사는 것.

산다는 것이 무엇인가?
오늘 여기에서
하늘의 뜻을 이루며
생명의 숨을 쉬는 것이다.

살아있다고
먹고 산다고
다 살아있는 것은
아닐 것이니

진정한 삶.
의미를 추구하며
존재의 목적을 이루며
날마다 죽고 다시 사는 삶일 것이다.

사람이 마땅히 우리를 그리스도의 일꾼이요 하나님의 비밀을
맡은 자로 여길지어다. 1Corinthians 4:1

59. 분방

나누이지 말라.
떨어지지 말라.
힘들고 어렵더라도
같이 붙어 있으라.

그렇게 살아가는 거다.
너희만 그렇게
사는 게 아니다.
모두 다 그렇게 살아간다.

마음이 맞지 않고
떨어져 있고 싶어도
한 번 떨어져 버리면
다시 붙기 어려운 법.

싸우며 살더라도
징하게 살다보면
어쩔 수 없이 살다보면
세월이 흘러가는 거다.

그렇게 하늘까지 가는 거다.
조금씩 물러서고

안 될 것은 포기하고
서로 맞춰서 사는 거다.

그리고 나머지는
하늘에 맡기는 거다.
하늘의 뜻보다
앞서지 말라.

그렇게 하는 것이
오히려 좋은 거다.
적어도 파국에는
이르지 않는 거다.

항상 좋을 수는 없는 거고
깨만 떨어지는 것은 아니지만
죽은 듯 알지 못하는 듯
그렇게 살아가는 거다.

서로 분방하지 말라. 다만 기도할 틈을 얻기 위하여 합의 상 얼
마동안은 하되 다시 합하라. 이는 너희가 절제 못함으로 말미
암아 사탄이 너희를 시험하지 못하게 하려 함이라. 1Corinthians
7:5

60. 절제

나는 여기 없습니다.
당신의 마음 가운데
그곳을 향한 희구에
나의 거처를 짓습니다.

그 자리에 앉아
당신을 그리며
그리움의 기도를
올립니다.

언젠가 숨이 그치는 날.
영원의 만남을 기대하며
지금 여기에서
남은 숨을 쉽니다.

끝이 없는 시를 적으며
다만 오늘 허락된 숨을 쉬며
사랑이란 그림을
그려나갑니다.

이것이 사랑인가요?
이것이 그것이라면

너무나 잔인한
세월입니다.

다만 같은 하늘을
살아간다는 것에
희미한 미소를 지으며
매일의 일상을 반복합니다.

이렇게 하다보면
어느 날,
그 끝이 올 것이기에
그것이 나의 희망입니다.

오늘도 난 여기에서
길을 걸으며
산을 오르며
당신의 대답을 찾습니다.

이기기를 다투는 자마다 모든 일제 절제하나니 그들은 썩을
승리자의 관을 얻고자 하되 우리는 썩지 아니할 것을 얻고자
하노라. 1Corinthians 9:25

61. 본보기

비웃으며
박수치지 말라.
우리도 언제 그렇게 될지
알지 못하는 것.

마음을 다잡는다.
순간의 쾌락에 탐닉하여
미래를 팔아먹지 않는다.
그것이 얼마나 가겠는가?

그렇게 했던 사람치고
잘 된 사람이 없다.
자기 무덤을
자기가 파는 것이다.

마지막까지
내가 앉아야 할 자리,
내가 걸어가야 할 그 길을
지키어 내는 것이다.

오늘도 해 아래에서 벌어지는
수많은 참상들.

행여 거기에 휩쓸려
멸망할까 조심해야 한다.

사면을 경계하는
그것밖에 없다.
그것을 위해
우리에게 경고하는 것이다.

고개를 처박고
퍼마시지 말고
손으로 물을 떠서
조금씩 먹어야 한다.

날마다 기도를 드리며
자신을 경성해야 한다.
그렇게 하여 우리 자신을
지켜내는 것이다.

이러한 일은 우리의 본보기가 되어 우리로 하여금 그들이 악
을 즐겨한 것 같이 즐겨하는 자가 되지 않게 하려 함이니.
1Corinthians 10:6

62. 기념

항상 그립다.
새로운 땅.
새로운 사람들.
내 마음을 알아주고
내 마음을 놓을 수 있는
정겨운 곳.
그곳이 그립다.

끝까지 채워지지 않는 결핍감.
항상 무엇인가 부족하다.
더 채우고 싶고
더 만나고 싶다.
보고 또 보아도
더 보고 싶은
선한 얼굴들.

그리움이 없다면
살아갈 이유도 없다.
그것은 살기를 포기한
연명의 삶일 것이다.
하여 아득히
나는 기다린다.

나의 사랑을.

길을 걸어야 한다.
길을 떠나야 한다.
이것이 나를 일으키는
삶의 동력이다.
그때까지 기다려야 한다.
바람이 불고
역사가 순환하듯.

아무것도 일어나지 않는다면
거기가 바로 마지막일 것.
오늘도 자리에 앉아
눈을 감는다.
무엇을 기다리고 있는가?
하루가 지나가면
또 하루가 찾아온다.

축사하시고 떼어 이르시되 이것은 너희를 위하는 내 몸이니
이것을 행하여 나를 기념하라. 1Corinthians 11:24

63. 신령한 것

너희는 땅을 먹고 살아가는가?
나는 하늘을 먹고 살아간다.
먹을 것이 있고
먹지 못할 것이 있다.

너희는 땅에서 왔는가?
나는 하늘에서 왔다.
자기가 온 곳으로
다시 돌아간다.

너희는 땅의 일이
너의 기쁨인가?
나는 하늘의 일이
나의 기쁨이다.

이것이 너희와 내가 다른
한 가지 이유이다.
삶의 의미와
존재의 이유가 다르다.

아무것도
아닌 거 같겠지.

그러나 나에게는
본질적인 일이다.

하늘의 뜻이 무엇인지,
진리의 추구가 무엇인지,
그것이 내가 살아가는
목적인 것이다.

우리는 각자
자기의 길을 가는 것.
너는 너의 길을 가고
나는 나의 길을 간다.

그렇게 가다가
언젠가 뒤를 돌아보며
지나온 삶을
돌이켜 볼 것이다.

형제들아, 신령한 것에 대하여 나는 너희가 알지 못하기를 원
하지 아니하노니. 1Corinthians 12:1

64. 지체

너희가 하나라는
그 사실을 기억하라.
그가 살아야 네가 살고
그가 기뻐야 너도 기쁜 것.

그를 아프게 하지 말라.
그가 죽으면
너도 죽는 것이니
너 혼자 잘 살 수는 없다.

서로 힘을 합하라.
물고 뜯으면
피차가 멸망하리니
조용히 그 날을 기다리라.

그때까지
하늘의 뜻을 이루어가라.
하늘이 정해준 때를 위해
날마다 자아를 죽이라.

네가 살아가는 것은
무엇을 위함인가?

아무렇게나 살지 말고
영광을 위해 살라.

하늘의 뜻을 이루기 위해
한끼를 먹는 것이고
한 올의 남긴 숨을
쉬는 것이다.

때가 되면
모든 것을 버리고
하늘로 돌아갈 것인데
무엇을 그렇게 애타하느냐?

매일 무로 돌아가
하늘을 바라보라.
네가 돌아갈
그 날을 준비하라.

몸은 하나인데 많은 지체가 있고 몸의 지체가 많으나 한 몸임
과 같이 그리스도도 그러하니라. 1Corinthians 12:12

65. 가장 좋은 길

그가 가신 길을
걸어야 한다.
아무런 망설임 없이
그를 따라야 한다.

가진 것을 모두 내놓고
그를 옷 입어야 한다.
이것을 위해 그는
자신을 버리셨다.

내가 가진 모든 것이
한낱 거품이었다.
바람에 날아가는
티끌이었다.

이 사실을 안다면
하루를 그냥 머물 수 없고
순간도 멈출 수 없다.
시간이 모두 그의 것이다.

이것을 위해
오늘을 살아간다.

아무것도 바라지 않고
나 자신을 내어준다.

이렇게 살다가
가는 것이다.
아무런 여한도 없이
육신을 벗는 것이다.

순간을 감동으로
주어진 나의 최선을 다하여
영원의 작품을 남기는 것이다.
그를 따라 가는 것이다.

이 하나를 위해
모든 것을 바치는 것이다.
그때를 위해
지금을 사는 것이다.

너희는 더욱 큰 은사를 사모하라. 내가 또한 가장 좋은 길을 너
희에게 보이리라. 1Corinthians 12:31

66. 예언

말씀을 맡았다.
감추어진 하늘의 비밀.
세상을 있게 하고
영혼에 희망을 준다.

눈을 뜨고
보아야 한다.
어디로 흘러
어디로 가는가?

방향을 정해야 한다.
어디로 가야 하는가?
향방을 모르면
다 죽게 된다.

너만은 살아서
그것을 전해야 한다.
생명을 구원할
하늘의 말씀.

한 치 앞이 아니고
지나간 과거가 아니라

백년을 나아갈
삶을 주어야 한다.

정신이 깨어서
진실을 보아야 한다.
눈멀고 잠이 들면
죽음이 찾아온다.

이상한 것을
추구하지 말고
일생 걸어갈
길을 찾으라.

한 번 붙잡고 놓지 않을
그 말씀을 정하라.
그렇게 가다보면 언젠가
마지막에 도달하리니…

나는 너희가 다 방언 말하기를 원하나 특별히 예언하기를 원
하노라. 1Corinthians 14:5

67. 첫 열매

그가 하셨으니
나도 한다.
그렇게 하다가
완성에 이르게 된다.

그가 걸으셨으니
나도 간다.
그렇게 가다가
하늘로 돌아가게 될 것.

마지막에 웃음을 지으며
그와 함께
하늘에 가게 되면
그것으로 족하다.

그 외에 무엇을
더 바라겠는가?
그것이 내가 원하는
최상의 것이다.

그를 바라보고 간다.
그가 이루셨으니

그것을 따라
나도 가는 것이다.

아이야,
이 길을 가자.
혼자라면 외로운 길도
둘이라면 동무가 된다.

하는 데까지
하는 것이고
가는 데까지
가는 것이다.

그렇게 하여
마지막에 이르는 것이다.
그와 함께
감사의 떡을 먹는 것이다.

그러나 이제 그리스도께서 죽은 자 가운데서 다시 살아나사
잠자는 자들의 첫 열매가 되셨도다. 1Corinthians 15:20

68. 날마다

내가 살아가는 삶은
영원과 이어진다.
오늘 돌아가도
후회함이 없다.

이것을 하다가
하늘로 들어갈 것.
하루라도 멈추면
녹슬어 쓸 수가 없다.

그를 향한 그리움은
날마다 사랑으로 모여
영롱한 광채만
남게 된다.

남지 않아도 좋다.
그날 버리고
그날 떠나도
아무런 미련이 없다.

나에게는 이것이 필요하다.
다른 모든 것을 이룬 후에도

이것이 없으면
아무것도 아닐 것이니

그와 같이 나도
이 길을 걸어간다.
그의 뒤를 따라
날마다 죽는다.

이것 외에
내가 할 일이 무엇인가?
그가 자신을 주셨으니
나도 주어야 한다.

하루를 살아도
영원과 이어지고
천년을 살아도
순간에 불과하다.

형제들아 내가 그리스도 예수 우리 주 안에서 가진 바 너희
에 대한 나의 자랑을 두고 단언하노니 나는 날마다 죽노라.
1Corinthians 15:31

69. 견실

굳게 서야 한다.
그가 함께하시니
그가 앞서 가셨으니
그가 끝까지 나가셨으니

그것이 우리의 희망이다.
마지막까지 기다리는 것.
그것은 할 수 있다.
지금까지 해온 것처럼.

그것이
우리의 일이다.
그 외에 다른 무엇을
할 수 있겠는가?

그것만은
우리가 잘 할 수 있다.
더 이상
바랄 것이 없다.

밟으면 밟히고
죽이면 죽는다.

그리고 다시
일어서면 된다.

두 눈을 부릅뜨고
하늘을 바라보며
보이지 않는
환상을 그린다.

보이는 것은
그릴 필요가 없겠지.
그냥 들리는 것은
자세히 들을 이유가 없다.

믿음이란 바로
이런 것이다.
그날을 기다리며
지금의 길을 걸어가는 것.

그러므로 내 사랑하는 형제들아, 견실하며 흔들리지 말고 항상
주의 일에 힘쓰는 자가 되라. 이는 너희 수고가 주 안에서 헛되
지 않은 줄 앎이라. 1Corinthians 15:58

70. 위로

아픔을 모르는 것이
가장 무서운 저주이다.
느끼지 못하는 자가
무엇을 알겠는가?

아파본 자가
감사를 안다.
하여 아픔은
하늘의 은혜이다.

외로운 자가
그리움을 안다.
서로 등을 대면
마음이 따스해진다.

고독한 자가
하늘을 안다.
광야 속에서
죽음을 껴안는다.

길을 떠나는 자가
새로움을 만난다.

매일 계속되는 삶속에서
무엇을 얻을 수 있겠는가?

이렇게 나는 오늘도
새롭게 길을 떠난다.
새로운 만남 속에
위로를 얻는다.

우리는 언제나
길 위에 있다.
다 이룬 것도 아니고
다 끝난 것도 아니다.

우리는 같이
길을 걷는 자다.
손을 잡고 가다보면
마음이 따뜻해진다.

우리의 모든 환난 중에서 우리를 위로하사 우리로 하여금 하
나님께 받는 위로로써 모든 환난 중에 있는 자들을 능히 위로
하게 하시는 이시로다. 2Corinthians 1:4

71. 자랑

그렇게 살아야 한다.
반갑게 인사를 하며
항상 가까이 다가와
눈을 마주쳐야 한다.

친절하게
따뜻하게
옆에 있어야 한다.
언제나 감사한 마음으로

사는 것이 은혜요
모두가 하늘의 선물이니
웃음을 지으며
서로의 손을 잡는다.

이렇게 살다가
그가 부르시면
모두 내려놓고
그 앞에 선다.

그의 눈 속에
내가 들어있고

나의 눈 속에
그가 들어있다.

그 속에서
나를 보고
내 속에서
그를 본다.

언제나 그리운 얼굴들.
그리움 속에서
하루의 해가 저물고
다시 해가 떠오른다.

너희가 잘 사는 것이
나의 소원이다.
그렇게 살다가 우린
하늘로 가는 것이다.

너희가 우리를 부분적으로 알았으나 우리 주 예수의 날에는
너희가 우리의 자랑이 되고 우리가 너희의 자랑이 되는 그것
이라. 2Corinthians 1:14

72. 그리스도의 향기

자기의 업보는
자기가 먹는다.
그저 우리는 우리의 자리에서
꽃을 피우는 것이다.

꽃을 피우면
벌이 찾아올 것이고
벌이 찾아오면
열매가 맺혀질 것이다.

향기가 좋을수록
열매도 맛이 있는 법.
악취가 나는 곳에서
좋은 열매가 맺혀지겠는가?

하여 꽃을 보아
그 열매를 알 수가 있고
그 열매를 보아
나무를 알 수가 있다.

무에서
유를 건질 수 없고

향기가 없이
좋은 열매가 나올 수 없다.

헛된 환상을 갖지 말라.
언젠가 기적이
일어날 것이라고
마냥 기다리지 말라.

버릴 것은 버리고
취할 것은 취하라.
날마다 자기의 자리에서
가지를 잘라내야 한다.

남에게 보여주기 위함이 아닌
우리의 하늘 앞에
튼실한 열매를
드리기 위함이다.

우리는 구원받는 자들에게나 망하는 자들에게나 하나님 앞에
서 그리스도의 향기니. 2Corinthians 2:15

3 장

예수의 흔적

73. 그리스도의 편지

편지를 써야 한다.
허무한 세상에 태어나
썩어질 것들 속에서
영원을 남겨야 한다.

나를 통해
그가 읽혀진다면
내 목적은 완성이 된 것이다.
그것이 바로 내가 원하는 것이다.

날마다
그리움의 편지를 쓴다.
이 편지를 통해 한 편의 답장이 온다면
그것이 나의 기쁨일 것이다.

답장이 없어도
문제가 없다.
내 발의 먼지를
떨어버리면 된다.

될 것은
처음부터 이루어진다.

억지로 하는 것은
하늘의 뜻이 아닐 것.

한 번을 가더라도
마음이 가는 곳.
마음을 주어
사랑이 싹트는 곳.

그곳에서 좋은 열매가
맺혀질 수 있을 것이다.
열매가 없다 해도
기억만으로 좋다.

힘들고 외로운 그때,
그 한 시절을
그의 사랑으로
보낼 수 있었으니…

너희는 우리로 말미암아 나타난 그리스도의 편지니 이는 먹
으로 쓴 것이 아니요 오직 살아계신 하나님의 영으로 쓴 것이
며 또 돌 판에 쓴 것이 아니요 오직 육의 마음 판에 쓴 것이라.
2Corinthians 3:3

74. 수건

눈꺼풀이 덮여
앞이 보이지 않았다.
내가 보는 것이
전부인줄 알았다.

옛것을 버리는 것이
그렇게 어려웠다.
그것을 놓치면
끝나는 줄 알았다.

마지막 붙잡을 것을
그것으로 생각했다.
모든 것이 변해도
그것만은 놓칠 수 없었다.

해 아래에서
영원한 것이 어디에 있겠는가?
모든 것은 변한다는 사실만은
영원히 변하지 않는 것.

날마다
새로운 태양이 뜨고

낡은 하루는
흘러 지나간다.

새로운 하루를 맞이하며
새롭게 삶을 살아가는 것.
그렇게 사는 것이
우리가 걸어야 할 길이었다.

하루라도 머물면
그만큼 뒤처지는 것.
나는 거기에서
만족하고 있었다.

천년가는 진리는 없다.
천년 동안 변함없이
진리를 찾아
길을 걷는 것이다.

그러나 그들의 마음이 완고하여 오늘까지도 구약을 읽을 때에
그 수건이 벗겨지지 아니하고 있으니 그 수건은 그리스도 안
에서 없어질 것이라. 2Corinthians 3:14

75. 세상의 신

모두가 그를 따라간다.
아무도 진리엔 관심이 없다.
잘 먹고 잘 살아야지.
우선 먹고 살아야지.

지금 먹고 살아야지.
그 후에야
진리도 있는 것이지.
모두 배부른 소리인 것이지.

얼마 정도는
마음을 가다듬고 자리에 앉아도
조금만 지나면
원점으로 돌아간다.

그렇기에 우린
길을 걷는 수밖에 없다.
그렇게 도상에서
죽는 수밖에 없다.

날마다
그를 생각하며

자리에 앉아
마음을 씻어야 한다.

철새가 날아와
집을 짓지 못하도록
아귀처럼 달라붙는
잡념을 떨쳐내야 한다.

그것이 아니라면
존재할 이유가 없고
먹고 살아갈
의미가 없다.

그를 따라 십자가를 지고
골고다에 올라야 한다.
그와 함께 십자가에 달려
마지막 비명을 질러야 한다.

이 세상의 신이 믿지 아니하는 자들의 마음을 혼미하게 하여
그리스도의 영광의 복음의 광채가 비치지 못하게 함이니 그리
스도는 하나님의 형상이니라. 2Corinthians 4:4

76. 질그릇

뻐길 것이 없다.
얼마나 대단한 것이라고…
그때 거기에서
그만큼 쓰이면 된다.

알아주지 않는다고
조바심할 것도 없고
그렇게 사라지는 것을
한숨지을 필요도 없다.

어차피 그렇게 왔다가
그렇게 가는 것이다.
조금만 맑은 물을
나누면 되는 것.

서로 마주보며
웃음을 지으면 되는 것이고
한끼 밥을
같이 먹으면 되는 것이다.

그 외에
더 무엇을 바랄 것이며

얼마나 영화를 누리겠다고
두 손을 움켜쥘 이유가 없다.

그렇게 하니
오히려 버리기에 좋다.
아까울 것도 없고
아쉬울 것도 없다.

괜히 광낼 것도 없고
치장할 것도 없다.
주어진 대로 사는 것이
가장 아름다운 것.

분수를 알고
돌아갈 날을 안다.
왔던 것처럼
그렇게 돌아가는 것이다.

우리가 이 보배를 질그릇에 가졌으니 이는 심히 큰 능력은
하나님께 있고 우리에게 있지 아니함을 알게 하려 함이라.
2Corinthians 4:7

77. 속사람

세월이 지날수록
하늘과 가까워진다.
이제 돌아갈 날이 되었으니
속사람을 준비한다.

모든 것을
내려놓아야 한다.
마지막까지 움켜쥐어
그렇게 마치고 싶지 않다.

눈을 뜨면
땅이 보이고
눈을 감으면
하늘이 보인다.

내가 왔던 곳.
내가 가야할 곳.
목표를 잃으면
앞이 보이지 않는다.

조금만 변해도
땅으로 들어가고

조금만 어려워도
하늘이 무너진다.

무엇을 한다는 것 자체가
낯설고 어설프다.
도대체 무엇을
남기고 싶은가?

오늘따라 유난히
향기를 맡고 싶다.
그 속에서 조용히
죽어가고 싶다.

아무런 욕심도
어떠한 여한도 없이
무로 사라져
먼지가 되고 싶다.

그러므로 우리가 낙심하지 아니하노니 우리의 겉사람은 낡아
지나 우리의 속사람은 날로 새로워지도다. 2Corinthians 4:16

78. 새로운 피조물

후회함이 없는
새 길을 찾아야 한다.
마음을 둔 곳에서
빛이 비쳐온다.

나를 기다리는
그 길을 걸어야 한다.
뒤엣 것은 잊어버리고
앞의 것을 생각해야 한다.

그 자리에 머물면
과거에 속하게 된다.
새로운 세계로
나아갈 수가 없다.

나를 붙잡지 말라.
언제까지
거기에서
살아갈 수 없다.

날마다 새로워도
모자란 세상.

무엇이 못 미더워
그렇게 살아가는 것이냐?

하루를 살더라도
사랑으로 살고
순간을 지내도
희망으로 산다.

그것이 바로
내가 살아갈 세상이다.
새로운 집을
지어야 한다.

때를 기다린다.
하늘이 인도할 때.
그때가 되면 모든 것을 벗고
하늘에 오르게 될 것이다.

그런즉 누구든지 그리스도 안에 있으면 새로운 피조물이라. 이
전 것은 지나갔으니 보라 새것이 되었도다. 2Corinthians 5:17

79. 평화의 사역

평화를 만들라.
모두가 같이 살라는
하늘의 뜻을 따라
평등 세상을 이루라.

너의 영역이 아니라
그의 뜻을 확장하라.
너의 욕망이 아니라
그의 뜻을 이루라.

서로 물고
뜯어먹지 말라.
어떠한 명분으로도
전쟁을 할 수는 없다.

같이 죽어
같이 망하고 싶으냐?
내가 못 먹을 감,
찔러나 보고 싶으냐?

내가 못 먹는다면
이웃이 먹으면 어떠하냐?

그것이 네가 살아가는
한 가지 이유인 것이냐?

하나가 되어
같이 살아갈 때
그때 하늘의 뜻도
이루어질 것이니

그 거룩한 직분을
온전히 감당하라.
모두가 같이 사는
평화의 나라를 이루라.

세상에서 가장 거룩한 직분,
그것은 평화의 대사로다.
모두가 하나 되어
하늘의 뜻을 이루어 가라.

모든 것이 하나님께로서 났으며 그가 그리스도로 말미암아 우
리를 자기와 화목하게 하시고 또 우리에게 화목하게 하는 직
분을 주셨으니. 2Corinthians 5:18

80. 지금

지금 사랑하라.
세월은 강물처럼
인생은 흘러가니
후회함이 없게 하라.

지금 기도하라.
매일이 거룩하고
하루도 버릴 날이 없으니
너의 자리에서 무릎을 꿇으라.

지금 여행하라.
삶이 여행이고
세상에서 태어나
하늘로 돌아갈 것이니

지금 길을 떠나라.
집착의 땅을 떠나
날마다 새롭게 펼쳐지는
우주의 신비로 들어가라.

그리고 지금
세상을 떠나

돌아갈 준비를 하라.
그날은 어느 날 갑자기 찾아오리니

두 손을 떨지 말고
모든 것을 놓으라.
그냥 놓아버리면
영혼의 자유를 얻으리니

새로운 세상이 열리게 되리라.
그토록 기다렸던
구원의 날.
어떤 욕망도 남지 않으리라.

지금 나에게서
모든 것을 가져가라.
나, 모든 것을 벗고
한줄기 바람처럼 길을 떠나리라.

내가 은혜 베풀 때에 너에게 듣고 구원의 날에 너를 도왔다 하셨으니 보라 지금은 은혜 받을 만한 때요 보라 지금은 구원의 날이로다. 2Corinthians 6:2

81. 근심

기도를 드린다.
하늘을 향한
소원이 없는 자는
삶의 간절함이 없다.

되는 대로 살아간다.
그날 잘 먹고
그날 잘 싸면
되는 것이다.

걱정이 많다.
근심을 한다.
무엇을 위해
세상을 살아갈 것인가?

어떻게 하늘의 뜻을 이루며
어떻게 삶을 마칠 것인가?
켜켜이 쌓인
삶의 흔적이 있다.

하루라도 그냥 보내면
마음이 무겁고

순간이라도 죄를 지으면
영혼이 무겁다.

그것을 위해
지금 여기에서
기도를 드리는 것이지.
눈을 감고 기다리는 것이지.

그것이 아니라면
영겁의 삶이
무슨 유익인가?
짐만 무거워지는 것.

모두 다 버리기 위해
뜻을 따라 걷기 위해
그렇게 날마다 깨어
영혼의 기도를 드린다.

하나님의 뜻대로 하는 근심은 후회할 것이 없는 구원에 이르
게 하는 회개를 이루는 것이요 세상 근심은 사망을 이루는 것
이니라. 2Corinthians 7:10

82. 풍성한 연보

어렸을 때부터
마음을 다했다.
모두를 드려서
하늘 뜻을 이루기 위해

그때부터 시작해서
그것이 나의 기쁨이었고
그것이 내가 존재하는
유일한 이유였다.

오늘까지 그것을 위해
남아있는 숨을 쉬며
날마다 눈을 감는다.
소리를 내어 기도를 드린다.

무엇을 더 드릴 수 있을까?
사랑이라면
마음이 가는 곳에
정성도 가는 것이다.

있다고 드리는 것도 아니고
없다고 못 드리는 것도 아니니

마음이 있다면
무엇이든 드릴 수 있다.

그것으로 세상은
지탱이 되고
그것을 먹고
우리는 살아간다.

넘치는 곳에
더 부어지는 것이고
인색한 곳은
황무지가 된다.

사랑의 나무를 심어야 한다.
그것이 우리가 살아가는
마지막 보루인 것이니
생명으로 남아야 한다.

환난의 많은 시련 가운데서 그들의 넘치는 기쁨과 극심한
가난이 그들의 풍성한 연보를 넘치도록 하게 하였느니라.
2Corinthians 8:2

83. 즐겨내는 자

마음이 들어가야 한다.
억지로 하지 말라.
인색한 냄새를
피우지 말라.

그렇지 않으면
차라리 드리지 말라.
그런 음식을
너라면 먹겠는가?

배고픈데 이것저것
가릴 것은 없겠지만
먹고 난 후에라도
찜찜해서 되겠는가?

억지로 향기를 내는 꽃은 없고
위로 흐르는 강물은 없다.
항상 아래로 흘러야 한다.
서로 나눠야 한다.

그렇게 되면 고여서
썩게 될 것이고

역겨운 냄새를 피워
코를 막게 될 것이다.

배고프다고
아무것이나 먹지 말고
가진 게 없다고
기죽지 말라.

너의 존재자체로
복의 기회가 되는 것.
맑은 영혼을 드려
하늘이 열리게 하라.

너의 먹을 것을 주라.
남긴 것이 아닌
처음 먹을 것을
나에게 가져오라.

각각 그 마음에 정한 대로 할 것이요 인색함으로나 억지
로 하지 말지니 하나님은 즐겨내는 자를 사랑하시느니라.
2Corinthians 9:7

84. 신적인 능력

그것이 우리의 희망이다.
짙은 어둠 속에서도
그가 함께하신다는
불굴의 믿음.

서로의 손을 잡고
앞이 보이지 않는 어둠을
끝까지 헤쳐 나가는
연대의 능력.

서로 손을 잡아야 한다.
희망을 가진 자들이
함께 모여
손을 놓지 않아야 한다.

기도를 드려야 한다.
언젠가 하늘이 열리고
그가 오실 때까지
어깨동무를 해야 한다.

눈을 감지 않아야 한다.
찢어진 역사의 현실을

정면으로 바라보며
손을 들어야 한다.

뒤로 물러서지 않아야 한다.
어둠의 영들은
두려워하는 마음으로
슬금슬금 기어들어 온다.

이렇게 우리가
서로의 손을 놓지 않는 한
아직 우리의 역사는
끝난 것이 아니다.

다시 일어서고
또 일어서는 그곳에서
한 송이 구원의 꽃은
피어나는 법이니…

우리의 싸우는 무기는 육신에 속한 것이 아니요 오직 어떤 견
고한 진도 무너뜨리는 하나님의 능력이라. 2Corinthians 10:4

85. 광명의 천사

그것이 전부인 양
자기가 최고인 양
그 안에 가두어
나오지 못하게 한다.

어려운 길은 진리가 아니라고
믿기만 하면 되는 것이라고
십자가의 길을
버리게 한다.

그가 그렇게 힘들게
삶을 바쳐 걸어간 길을
하루아침에
우습게 만들어 버린다.

생각 없이
깨달음에 이르고
고뇌 없는 환희가
세상에 있었던가?

물론 그가 말했던 길은
걸어가기가 너무 어렵고

형식에 얽매이는
율법의 길이 아니었다.

그러나 그것은
입으로 시인만 하면
하늘에서 떨어지는
값싼 구원은 아니었다.

어둠 속에서
진주는 빛나는 법이고
오랜 세월 속에서
바위는 다듬어지는 것.

나무는 열매를 보아서
진위를 알 수가 있고
말은 결과를 통해서
드러나는 것이다.

이것은 이상한 일이 아니니라. 사탄도 자기를 광명의 천사로
가장하나니. 2Corinthians 11:14

86. 셋째 하늘

첫째 하늘은 보이는 하늘이다.
땅의 욕심을 거두고
문득 하늘을 바라볼 때
떠오르는 생각들이 있다.

둘째 하늘은 마음의 하늘이다.
마음을 하늘에 던지면
어디에서나 볼 수 있는
또 다른 세상이 있다.

셋째 하늘은 초월의 하늘이다.
한 발자국만 올라서면
세상의 모든 것이
내 발 아래에 있다.

그것을 알지 못해
헛된 세상을 살아왔다.
내 생각이 전부인 것처럼
보이는 것에 이를 갈았다.

하나라는 것을 알지 못하면
모두가 원수가 된다.

다름이 아니라
틀림이 되는 것.

그렇게 나는
보이지 않는 길을 걸었다.
그렇게 걷고 걸으면
마지막에 도달할 줄 알았다.

모든 것에는 때가 있었다.
내 발걸음이
더 이상 걸을 수 없었을 때
그때 나에게 하늘이 열렸다.

그것은 나에게 주어진
구원의 은혜였다.
그렇게 살다 사라져갈 나에게
새로운 시작을 가져다주었다.

내가 그리스도 안에 있는 한 사람을 아노니 그는 십사 년 전에
셋째 하늘에 이끌려 간 자라. 2Corinthians 12:2

87. 육체의 가시

누구에게나
자기만의 가시가 있다.
우리는 그 가시로
하늘에 오른다.

그것은 우리에게 주어진
하늘의 선물이다.
그것을 통해 우리는
자신을 본다.

그 가시가 바로
우리의 강점이다.
그것을 극복했을 때
한계를 넘을 수 있다.

힘들다고
외롭다고
눈물을 흘리지 말라.
그때가 바로 깊이 들어갈 때인 것.

표피적인 즐거움에
현혹되지 말고

광막한 땅으로 나가야 한다.
거기에서 그를 만나야 한다.

현인들은 모두
광야로 나갔다.
자기만의 시간에서
깨달음이 나온다.

그 가시를 잘라
사다리를 만들 수 있다.
머리에서 피를 흘리며
의미를 생각할 수 있다.

항상 좋은 것만은 아니다.
위기를 만났을 때
그것은 우리에게 주어진
또 다른 기회인 것이다.

여러 계시를 받은 것이 지극히 크므로 너무 자만하지 않게 하
시려고 내 육체에 가시 곧 사탄의 사자를 주셨으니 이는 나를
쳐서 너무 자만하지 않게 하려 하심이라. 2Corinthians 12:7

88. 확증

그것을 잃으면
그때부터 죽음이다.
이미 죽은 것이기에
더 이상 죽일 필요도 없다.

세상이 아무리 어두워도
그것을 가져야 한다.
거기에서부터
희망의 불이 지펴진다.

그것이 우리의 희망이다.
마지막 한계를 넘으면
더 이상 죽음이
힘을 쓸 수가 없다.

모든 것을 버린 자는
더 이상 잃을 것이 없다.
그때부터
부활이 시작된다.

이것이 그가 남긴
마지막 유언이다.

그가 걸어간
삶의 길이다.

그의 길을 걸어가는 자는
이미 그 안에 있다.
그와 함께라면
무엇이 두려운가?

잃을 것이 없는 자는
아무런 두려움이 없다.
어차피 세상을
그렇게 마치게 될 것.

세상이 아무리 어둡고
아무것도 보이지 않아도
끝까지 기도를 멈추지 않는 자,
그가 빛의 문을 열게 될 것이다.

너희는 믿음 안에 있는가, 너희 자신을 시험하고 너희 자신을
확증하라. 예수 그리스도께서 너희 안에 계신 줄을 너희가 스
스로 알지 못하느냐? 그렇지 않으면 너희는 버림받은 자니라.
2Corinthians 13:5

89. 다른 복음

믿기만 해라.
나만 바라보라.
나머지는 내가 다
알아서 해주겠다.

기도만 해라.
내가 다 응답해 주겠다.
태양도 멈추게 하는데
그까짓 것 못하겠느냐?

바치기만 해라.
세상의 부귀영화를
다 너희에게 주겠다.
내 것만큼은 먹지 말라.

그렇게 힘써서
노력할 필요가 없다.
그것은 다 헛된 것이다.
너희가 무엇을 할 수 있겠느냐?

정의와 평화가 무엇이냐?
내가 금방 다시 올 것인데

그냥 거기에서
조금 견뎌봐라.

주어진 축복인데
마음껏 누려라.
못 쓰고 못 누리는 것도
불신앙인 것이다.

자꾸 회개하는 것도
죄의식을 키우는 것이니
그렇게 열심히 회개하지 말라.
꼭 열매를 맺어야 하는 것도 아니다.

무엇을 하겠다고
열심을 부리지 말라.
적당하게 믿고 적당하게 하라.
과한 것은 부족한 것보다 못할 수 있다.

그리스도의 은혜로 너희를 부르신 이를 이같이 속히 떠나 다른 복음을 따르는 것을 내가 이상하게 여기노라. Galatians 1:6

90. 아라비아(Arabia)

아무도 보이지 않는
광야로 나가야 한다.
누구보다도
그를 만나야 한다.

나에게 찾아오신
그 이유를 알아야 한다.
나의 눈을 떠서
그를 바라보아야 한다.

세상의 옷이 아니고
다른 사람의 옷이 아니라
그가 주신 옷을 입고
그의 길을 걸어야 한다.

침묵의 세월을
보내야 한다.
세상의 귀를 막고
영혼의 소리를 들어야 한다.

지금까지
어떤 길을 걸어왔는가?

나는 지금
어떤 길을 걸어가는가?

그 속에서 앞이 보인다.
거기에 나의 길이 있다.
내가 걸어갈 길이
눈앞에 펼쳐진다.

이것 때문에
그가 나에게 찾아오신 것이다.
이 한 가지를 위해
그의 삶을 바치신 것이다.

이제 나도 그를 따라
길을 걸어가야 한다.
이것이 나에게 남겨진
마지막 사명일 것이니…

또 나보다 먼저 사도 된 자들을 만나려고 예루살렘으로 가지
아니하고 아라비아로 갔다가 다시 다메섹으로 돌아갔노라.
Galatians 1:17

91. 함께

함께 태어났다.
모두 함께 연결되어
홀로 살아가는 것이 없고
홀로 만들어진 것이 없다.

함께 살아간다.
떨어진 것이 아니다.
네가 쉬는 숨을 나도 쉬고
네가 먹는 물을 나도 먹는다.

혼자 살아가고
혼자 먹는 것이 아니다.
서로 나누어 먹고
하나로 존재한다.

하여 우리는
함께 일한다.
서로의 손을 잡고
생명을 향해 소리를 높인다.

함께 못 박혔다.
그가 자아를 버리고

하늘의 뜻을 따를 때
나도 그를 따라 나를 버린다.

함께 죽어간다.
이렇게 살다가
모두가 먼지로 사라질 것.
아쉬움도 여한도 없는 삶이다.

시간이 없다.
기다려주지 않는다.
우리에게 내일은 없다.
지금 여기만 존재할 뿐.

그것이
우리의 희망이다.
희망을 버린 자는
이미 죽은 자이다.

내가 그리스도와 함께 십자가에 못 박혔나니 그런즉 이제는
내가 사는 것이 아니요 오직 내 안에 그리스도께서 사시는 것
이라. 이제 내가 육체가운데 사는 것은 나를 사랑하사 나를 위
하여 자기 자신을 버리신 하나님의 아들을 믿는 믿음 안에서
사는 것이라. Galatians 2:20

92. 초등학문

조금 안으로 들어 오라시네.
언제까지 거기에 있겠느냐고.
성소로 들어와
진리를 보라시네.

손가락을 보지 말고
본질을 보라시네.
상징을 믿지 말고
진실을 믿으라네.

율법에 걸리지 말고
믿음으로 살라시네.
그것은 값싼 믿음으로 주어지는
거짓 확신이 아니겠지.

물론 믿음으로
구원을 받는 것이지.
그것은 수많은 조항을 지키느라
무거운 짐을 지지 말라는 것이지.

노예처럼 멍에를 메고
배 밑창에서 노만 젓는

거기에 머물러
있을 수는 없겠지.

그러나 그것이 그저 주어지는
믿음을 가리키는 것은 아니겠지.
거기에서 성화의 길이 시작되는 거지.
그것이 전부가 아니라는 것이지.

고뇌와 회개 없는
순간적인 믿음이
영원한 구원을
보장하는 것은 아니겠지.

나는 진리에 이르는
사색의 길을 걷고 싶어.
새로운 미래의 세계로
나아가고 싶은 거지.

이와 같이 우리도 어렸을 때에 이 세상의 초등학문 아래에 있
어서 종노릇 하였더니. Galatians 4:3

93. 아빠 아버지(Abba, Father)

두려워하지 말라.
내가 너와 함께하겠다.
내가 네 옆에서
너를 지키겠다.

혼자라면
조금 외롭겠지만
둘이라면 어떠한 고난도
견딜 만할 것이다.

누군가와 같이
손을 잡고 건넌다면
긴 다리도
건널 만할 것이다.

어차피 살아야 할 세상이라면
즐기면서 살아야 하고
어차피 건너야 할 다리라면
신나게 걸어야 할 것이다.

무서워하지 말라.
어차피 인생은 모험인 것이고

그렇게 살아갈 때
재미도 있을 것이다.

나를 따라 오라.
내가 세상을 보여주겠다.
끝없이 펼쳐지는
광활한 우주.

우리의 생각은
한없이 넓어질 수 있다.
우리의 마음은
하늘까지 확장될 수 있다.

이것이 내가 원하는 세상이다.
한번 멋지게 살아보는 것이다.
아무런 여한도 없고,
어떠한 후회도 없이…

너희가 아들이므로 하나님이 그 아들의 영을 우리 마음 가운데 보내사 아빠 아버지라 부르게 하셨느니라. Galatians 4:6

94. 종의 멍에

겁을 주면 된다.
공포 앞에서 그들은
한낱 검불처럼 살라진다.
머리를 숙이게 하는 것이다.

독하게 마음을 먹고
그들이 머리를 들면
다 따라서 할 것이니
그때가면 감당할 수가 없다.

올라오는 싹은
처음에 잘라버려야 한다.
가지가 무성해지면
뱃심이 생기게 된다.

하나하나 갈라놓아야 한다.
저들이 힘을 모으면
역사가 일어난다.
뒷감당을 어떻게 하려고 그러는가?

한 놈씩 처치하면 된다.
본보기를 보여야 한다.

두려움이 지배하면
모두 달아날 것이다.

무엇을 한다는 것이
참으로 웃기는 짓이다.
여러 번 할 것도 없다.
한방에 날아갈 것들이다.

일어서지 못하게 해야 한다.
노예의 근성을 키워야 한다.
구걸해서 먹고 살도록 해야 한다.
눈을 뜨지 못하게 해야 한다.

무엇이라도 등에 져야
편하게 생각할 것이다.
알아서 하라고 하는 것이
제일 힘들고 어려울 것이다.

그리스도께서 우리를 자유롭게 하려고 자유를 주셨으니 그러
므로 굳건하게 서서 다시는 종의 멍에를 메지 말라. Galatians
5;1

95. 육체의 일

거룩한 샘물이 있어야 한다.
기복의 간구나
미신의 기원이 아닌
진리의 샘터가 필요하다.

그곳에서 샘물이 흘러야 한다.
자신을 비추어보고
나머지 인생을 살아갈
삶의 지표를 얻어야 한다.

그렇지 않다면 세상의 희망이
어디에 있겠는가?
아무런 바라볼 곳이 없다면
무엇을 바라볼 수 있겠는가?

누구나 물을 따라
흘러갈 수는 있다.
다만 물결을 치고 거슬러 올라
하늘의 역사를 이룰 사람들이 필요하다.

그것이 아니라면
우리의 존재 이유가 무엇인가?

또 다른 하나의 욕망인가?
정성을 드리는 기도인가?

자신을 쳐서
하늘의 뜻을 이루는
거룩한 사람들.
그들이 모여야 한다.

그것이 태초부터 있었던
거룩한 바람의 역사였다,
그 바람이 불면
새로운 역사가 일어난다.

육체를 따르지 아니하고
성령을 따르는 사람들.
그 사람들이
세상의 희망이었다.

육체의 일은 분명하니 곧 음행과 더러운 것과 호색과. Galatians
5:19

96. 성령의 열매

나오는 열매를 보아
그를 안다.
나쁜 나무가
좋은 열매를 맺을 수 없다.

하는 말을 보아
그를 안다.
말에는 인격이 들어있고
그의 삶이 나타난다.

걸어가는 길을 보아
그를 안다.
세상 사람들은
넓고 편한 길을 좋아한다.

드리는 기도를 보아
그를 안다.
깊이 있는 생활은
깊이 있는 기도를 남긴다.

몇 번 찔러보면
그를 안다.

세 번 정도 찌르면
화가 솟아오른다.

돈쓰는 것을 보면
그를 안다.
피가 나듯 절약해도
필요하면 쾌척을 한다.

같이 걸어보면 그를 안다.
어려운 때가 오면 가면이 벗겨진다.
안에 있는 것이
밖으로 나오는 법이니

차고 넘치는 것이
흘러나오는 법이다.
억지로 할 필요도 없다.
길을 걷다보면 삶이 만들어진다.

오직 성령의 열매는 사랑과 희락과 화평과 오래 참음과 자비
와 양선과 충성과 온유와 절제니 이같은 것을 금지할 법이 없
느니라. Galatians 5:22-23

97. 예수의 흔적

그를 닮아
마음이 아프다.
창자가 끊어지는 사랑은
쉽지가 않다.

그를 따라
길을 걷는다.
신발은 걸레가 되었고
발바닥은 못이 박혔다.

내가 사는 것은
잘 먹고 누리자는 것이 아닌
하늘의 뜻을 이루고
잘 죽기 위함인 것.

그렇게 길을 걸어가다
어느 날 그를 만났고
새로운 삶이
시작되었다.

자유의 길을 걸어가니
무엇이 거침인가?

여분으로 주어진 삶이니
머뭇거릴 시간이 없다.

나를 잡지 말라.
더 이상
나를
끌어내리지 말라.

너는 너의 길이 있고
나는 나의 길이 있으니
나의 길을 걸어
하늘에 이를 것이다.

그에게 십자가가 있으면
나에게는 부르튼 발이 있다.
그의 뒤를 따라
오늘을 걸어간다.

이 후로는 누구든지 나를 괴롭게 하지 말라. 내가 내 몸에 예수
의 흔적을 지니고 있노라. Galatians 6:17

98. 신령한 복

그의 길을 따라
진리의 길을 걷는다.
일어나 길을 걸어야
역사가 일어난다.

자아의 잠 속에서 깨어
시퍼런 영성으로 살아간다.
살아있어야 한다.
그의 역사를 보아야 한다.

자리에 누워서
죽어가고 싶지 않다.
걸어야 산다.
병든 자는 걸을 수가 없다.

살아있는 동안
조금이라도 숨이 붙어있는 동안
그를 따라 길을 걷는 것이
마지막 남아있는 복이다.

이것이 아니라면
오늘 살아있는 것이 무슨 의미인가?

살았다 하나 실상은 죽은 것.
목숨만 유지하는 삶일 것이다.

그렇게 살기는 싫다.
오늘 피었다 지는 들꽃도
자기 향기를
발하고 있는데

적어도 살아있는 생명이라면
그렇게 살아서는 안 될 것이다.
머리를 들고 하늘을 바라보며
주어진 길을 걸어야 한다.

오늘도 그를 따라
길을 걷는다.
내게 남겨진
그 길을 걸어야 한다.

찬송하리로다. 하나님 곧 우리 주 예수 그리스도의 아버지께서
그리스도 안에서 하늘에 속한 모든 신령한 복을 우리에게 주
시되. Ephesians 1:3

99. 모퉁이 돌

그 위에서
살아간다.
진리의 길을 따르는 선지자들과
믿음의 길을 따르는 사도들.

진리가 승리할 것이고
하늘의 뜻이 이루어질 것이라는 믿음.
그들은 어둠 속에서
희망의 빛을 보는 자들이다.

나도 그 위에 서고 싶다.
아무것도 보이지 않을 때,
동 터오는 새벽을 보며
자리에 앉아 기도를 드린다.

그가 그렇게 사셨으니
나도 이렇게 살아간다.
이런 기도는 영원하다.
영원히 살아있어야 한다.

든든히 서서
흔들리지 않아야 한다.

어디에서든지
그 자리에 있어야 한다.

아직 진리가 죽지 않았다는 것.
그것을 세상에
보여주어야 한다.
내가 그 증거가 되어야 한다.

이것이 내가
아직 숨을 쉬며
남겨진 삶을 살아가는
유일한 이유인 것.

살아있다는 것이 무엇이며
숨을 쉬는 것이 무엇인가?
오늘도 내 자리에 앉아
그 기도를 드린다.

너희는 사도들과 선지자들의 터 위에 세우심을 입은 자라. 그
리스도 예수께서 친히 모퉁이 돌이 되셨느니라. Ephesians 2:20

100. 상속자

그의 길을 걷는 자는
모두 그 안에 있다.
마음을 열고 눈을 뜨면
그의 길이 보인다.

네가 없고
내가 없는
모두가 하나인 세계.
거기에서 우리는 살아간다.

가르지 말라.
모두가 한 알갱이의 먼지인 것을.
그것을 알면
본래의 모습이 보일 것이다.

다만 거기에도
생명이 있다.
한 알의 씨앗이 떨어지면
싹이 나고 열매를 맺는다.

눈을 떠야 한다.
언제까지 거기에서 살아가겠는가?

그것이 전부인양
목숨을 걸겠는가?

소유가 아니라
존재가 본질이다.
어디에서 살아가느냐에 따라
그의 삶이 결정된다.

모두가
순례자로 살아간다.
길을 걷다가
하늘로 들어간다.

무한한 세계가
펼쳐져 있다.
그의 길을 걷는 자가
그의 상속자가 될 것이다.

이는 이방인들이 복음으로 말미암아 그리스도 예수 안에서 함
께 상속자가 되고 함께 지체가 되고 함께 약속에 참여하는 자
가 됨이라. Ephesians 3:6

101. 평화의 줄

내가 걸어갈 길을
비틀지 말라.
평안을 추구하는 것이 아니라
평화를 바라는 것이다.

평화를 추구하면
마음이 평안한 것이다.
나 혼자 잘 먹고 잘 산다고
평안이 주어지는 것은 아닐 것.

나 혼자 평안한 게
평화의 삶이 아닌 것이고
모두가 평화한 게
전체의 평안일 것이다.

성령의 뜻이
무엇인가?
나 혼자의 평안인가?
전 생명의 평화인가?

나 혼자 평안하겠다고
생명의 평화를 깨뜨리지 말라.

나의 평안은
모든 생명과 연결되어야 한다.

나 혼자
하늘에 올라가는 것이 아니라
모두가 함께
하늘의 뜻을 이루어야 할 것이다.

하여 우린 발걸음 하나
함부로 디딜 수 없고
말 한마디라도
허투루 할 수가 없다.

그가 평화를 위해 살아갔듯이
나도 평화의 노래를 부르며
나의 삶을
거기에 바쳐야 한다.

평안의 매는 줄로 성령이 하나 되게 하신을 힘써 지키라.
Ephesians 4:3

102. 옛사람

그 속에서
살아왔다.
그것이 전부인양
거기에 머물러 있었다.

새롭게 펼쳐지는 세계,
진리로 나아가고 싶지 않았다.
지금까지 걸었던 길을
버리고 싶지 않았다.

버려야 산다는 것을
그때는 알지 못했다.
낡은 누더기 옷을 입고
그것을 좋아하고 있었다.

새로운 길로 나아가기가 두려웠다.
새로 개척하기가 싫었다.
여기가 좋고 이것이 진리인데
지금 어디로 가라는 말인가?

주어진 모든 것을 버리고
알지 못하는 길을 가는 것은 쉽지가 않다.

더 얻고 주지는 못할망정
무엇을 버리라는 것인가?

그것은 정체성을 버리는 것이고
혼돈으로 빠지는 길이었다.
조상을 배반하고
민족을 팔아먹는 것이라 생각했다.

한곳에 눈이 멀면
새로운 것이 보이지 않는다.
한 걸음도 앞으로
나아갈 수가 없다.

그래서 스승은 그렇게
날마다 십자가를 지고
버림의 길을
걸어가신 모양이다.

너희는 유혹의 욕심을 따라 썩어져 가는 구습을 따르는 옛 사
람을 벗어버리고. Ephesians 4:22

103. 신령한 노래

오래 살았다.
아무런 욕심이 없다.
하늘의 노래를
받아 적는다.

나에게 남아있는
마지막 작업.
그때까지는 나에게도
할 일이 있다.

그것을 위해
아직 숨을 쉬며
남겨진
삶을 산다.

나의 모든 삶은
노래를 부르기 위함이다.
그것을 위해 산을 오르며
그것을 위해 길을 걷는다.

그것이 나의 기쁨이요
그것만이 내가 살아가는

한 가지
이유이다.

노래를 부르면
마음이 일어난다.
그것이 나의 현실이 되고
그것이 나의 기도가 된다.

그러하니 어찌 호흡을 멈추겠는가?
노래를 부를 때 하늘이 열리고
나의 몸은 반응을 시작한다.
위로부터 전율이 내려온다.

이것을 위해
내가 오늘을 사는 것이며
마지막 주어진 임무를
수행하는 것이다.

시와 찬송과 신령한 노래들로 서로 화답하며 너희의 마음을
주께 노래하며 찬송하며. Ephesians 5:19

104. 전신갑주

진리로 띠를
띠어야 한다.
보이는 세상의 환영을 따라
자신을 팔아먹을 수는 없다.

올바른 정의가 아니라면
그 일이 얼마나 가겠는가?
눈앞의 이익에 눈이 멀어
진실을 버릴 수는 없다.

가난한 자들에게 자신을 주고
눌린 자들에게 자유를 주는
그 복음이
전해져야 한다.

결코 흔들리지 않는
믿음의 방패를 가져야 한다.
진리가 승리할 것이고
정의가 올바르다는 것.

비록 지금 어려움이 있다고 해도
끝까지 그것을 견디어낼 때

마지막에 구원이 찾아올 것이다.
그것을 목표로 삼아야 한다.

힘을 모아야 한다.
조금 땀냄새가 나고
흙냄새가 난다고 해도
어깨동무를 해야 한다.

세상의 검이 아니라
거룩한 말씀의 검이며
화려한 연설이 아니라
광야의 계시를 잡아야 한다.

그것이 결국은
생명을 살리는 것이니
그 안에서 눈을 뜨고
깨어 기도를 드려야 한다.

그러므로 하나님의 전신갑주를 취하라. 이는 악한 날에 너희가
능히 대적하고 모든 일을 행한 후에 서기 위함이라. Ephesians
6:13

105. 그리스도의 심장

모든 것이 내 안에 있다,
그의 마음으로
그의 생각으로
그의 길을 걸어간다.

거기에 희망이 있다.
그것이 아니라면
우린 무엇을 바라보며
시간을 살아갈 수 있을 것인가?

모두가 기다리는
하늘의 샘물.
아낌없이 나누는 그 마음으로
여기에서 기도를 드린다.

나를 지키소서!
영원의 사랑으로
매일의 삶을
살게 하소서!

그의 심장으로
주어진 순간을 살아가며

한 송이 꽃을
피우게 하소서!

그것이 아니라도
조금의 사랑을 나눔으로
그의 웃음이 피어난다면
그것으로 족하게 하소서!

그것을 알아주든 아니하든
그저 하늘을 바라보며
나에게 남겨진 시간으로
사랑을 심게 하소서!

날마다 자리에 앉아
거룩한 기도를 드린다.
하루의 삶으로
영원을 남긴다.

내가 예수 그리스도의 심장으로 너희 무리를 얼마나 사모하는
지 하나님이 내 증인이시니라. Philippians 1:8

106. 믿음의 진보

앞으로 나아가야 한다.
더 이상 뒤로
물러설 수 없다.
그것은 나에게 죽음이다.

모든 산 것은
앞으로 나아간다.
물살을 거슬러
솟구쳐 올라간다.

물결을 따라
떠내려갈 수 없다.
그대로 모여있어
썩어갈 수 없다.

그것이 바로 우리의 역사였다.
그 힘이 모여 역사를 이루었다.
그러하니 내가 어찌
뒤로 물러가겠는가?

하늘이 나를 부르셨고
그것을 위해 세상을 여셨으니

그렇게 나도 하늘을 열어
생명의 역사를 이루어야 한다.

어떻게든 살아야 한다.
나를 가두어
앞으로 나가지 못하게 하는
어둠의 역사를 물리쳐야 한다.

나를 위해 바치신 그 영혼을
헛되게 할 수 없다.
자리에 누워
죽어갈 수 없다.

그가
이렇게 살았으니
나도
그렇게 살아야 한다.

내가 살 것과 너희 믿음의 진보와 기쁨을 위하여 너희 무리와
함께 거할 이것을 확실히 아노니. Philippians 1:25

4 장

하나님의 비밀

107. 종의 형체

그에게는 아무것도
볼만한 것이 없었다.
향기로운 냄새도 없었고
멋진 의상도 없었다.

화려한 백마도 없었고
풍성한 물질도 없었다.
높아진 권세도 없었고
우렁찬 외침도 없었다.

지극히 자기를 낮추신
볼품없는 사람.
세상의 짐을 지고 가는
굽어진 등짝.

괭이 박힌 손과
걸레 같은 발.
너무 일하고 너무 걸어서
남아난 것이 없었다.

그러나 그에게는
깊은 눈이 있었다.

모든 것을 버린 초연함과
세상을 넘어서는 초탈함.

목숨의 위협과
세상의 권세가
그에게는 더 이상
두려움이 아니었다.

다 비우고
다 버렸으니
더 이상
버릴 것이 없었다.

누구라도 그에게
가까이 갈 수 있었다.
그것이 그의 자랑이었고
그래서 그는 자유의 사람이었다.

오히려 자기를 비워 종의 형체를 가지사 사람들과 같이 되셨고
Philippians 2:7

108. 푯대를 향하여

그에게 남은 것은
오직 그것이었다.
하늘을 향하여 달려가는 것이
그의 마지막 발걸음이었다.

마음을 열어야 한다.
준비된 자만이
그의 부르심에
응답할 수가 있다.

수많은 계시가 있고
억겁의 부르심이 있어도
들을 자만 듣고
받을 자만 받는다.

가까이 가야 한다.
진지하게
집중하여
그를 바라보아야 한다.

순종함으로
그를 따라야 한다.

이제 남은 걸음은
그를 향해야 한다.

감사의 마음으로
맡겨진 일을 감당해야 한다.
모든 것이
그의 은혜이다.

발의 먼지를 털듯이
남겨진 흔적을
털어내야 한다.
마음을 비워내야 한다.

이대로 죽어갈 수 없다.
한꺼번에 망할 수 없다.
끝까지 하늘을
간직해야 한다.

푯대를 향하여 그리스도 예수 안에서 하나님이 위에서 부르신
부름의 상을 위하여 달려가노라. Philippians 3:14

109. 일체의 비결

있으면 있는 대로
없으면 없는 대로
주어진 길을 걸어간다.
맡겨진 일을 감당한다.

기쁘면 기쁜 대로
슬프면 슬픈 대로
주어진 하루의 삶을
감사로 살아간다.

위로 넘어가지 않고
아래로 떨어지지 않고
날마다 그를 생각하며
하루를 살아간다.

있으면 있는 대로 먹고
없으면 없는 대로 금식을 한다.
더 이상 먹는 것이
나를 지배하지 못한다.

외로우면 외로운 대로
함께하면 함께하는 대로

거기까지 그 안에서
즐거움을 누린다.

없음도 아니고
있음도 아닌
그만큼 주어진 분량으로
자족하며 살아간다.

세상의 것이
나의 목적이 아니고
가지는 것이
나의 목표가 아니니

진리 안에서 자유를 누림이
내 삶의 의미이다.
이만큼 살았으니
여기까지 은혜이다.

나는 비천에 처할 줄도 알고 풍부에 처할 줄도 알아 모든 일 곧
배부름과 배고픔과 풍부와 궁핍에도 처할 줄 아는 일체의 비
결을 배웠노라. Philippians 4:12

110. 하나님의 형상

그가 내 안에 있었다.
그가 처음으로
나에게 오셨을 때
나는 그것을 알았다.

모두가 하늘을 쳐다보고 있었을 때
그만은 자신을 바라보았다.
거기 그의 안에
모든 것이 있었다.

아무도 그것을 알지 못했다.
모두 무릎을 꿇고
보이는 형상에 절을 하며
기복을 구하고 있었다.

진리를 알지 못하면
우상에 머리를 조아리며
허공을 움켜쥐고
죽어가는 것이다.

대지 위에 두 발을 딛고
나의 역사를 바라본다.

나는 지금 어디에
엎드리고 있는가?

일어서야 한다.
그의 손을 잡고
광야의 길을
걸어야 한다.

새길을 내야 한다.
그 길로 걸어가야 한다.
누워서 죽어갈 것이 아니라
걸으며 길을 내야 한다.

아무도 가지 않는 길을
내가 걸어야 한다.
거기에서 죽어
다시 살아내야 한다.

그는 보이지 아니하는 하나님의 형상이시오 모든 피조물보다
먼저 나신이시니. Colossians 1:15

111. 하나님의 비밀

사랑이 형상을 입으면
그와 같이 된다.
나 자신을 드려
하늘의 옷을 입는다.

진리가 땅으로 내려오면
그를 따르게 된다.
두 눈을 바로 뜨면
역사가 보이게 된다.

믿음으로 살라는 것이
바로 이런 것인가 보다.
자신이 흔들리면
모든 것이 사라진다.

누구나 기도를 드린다.
다만 무엇을 위해
소원을 갖는가,
그것이 문제일 것.

마음을 주고
사랑을 놓고

버림의 기도를 드리면
기적이 일어난다.

나는 오늘도
기적을 만든다.
나의 마음을 모아
거기에 사랑을 놓는다.

자신을 드려
하늘의 문을 연
그를 생각한다.
나를 도우소서!

나를 깨우소서!
나의 눈을 여소서!
신령한 눈을 열어
그를 보게 하소서!

이는 그들로 마음에 위안을 받고 사랑 안에서 연합하여 확실
한 이해의 모든 풍성함과 하나님의 비밀인 그리스도를 깨닫게
하려 함이니. Colossians 2:2

112. 끊임 없이

계속하는 것이다.
길을 걷고
사랑을 심고
기도를 드린다.

무상한 세상에서
이것밖에 할 일이 없다.
사라질 세월 속에서
남은 것이 무엇인가?

다 부질없는 짓이다.
먹고 싸고
탑을 쌓는 것도
헛되고 헛된 일일 것이니

그가 남긴 사랑만 있고
그가 드린 기도만 있다.
연기가 올라가는 것처럼
향기만 올라간다.

믿음을 가진 자는
역사를 일으킨다.

어떤 바람에도 흔들리지 않고
앞으로 나아간다.

사랑이란
수고하는 것이다.
자신을 버림 없이
일어난 일이 있었던가?

소망을 가진 자는
어떤 고난도 참아낸다.
하늘에서 내려온
힘이 그를 감싼다.

그것을 위해
지금 우리는
바로 여기에서
오늘을 사는 것이다.

너희의 믿음의 역사와 사랑의 수고와 우리 주 예수 그리스도
에 대한 소망의 인내를 우리 하나님 아버지 앞에서 끊임없이
기억함이니 1Thessalonians 1:3

113. 하나님의 뜻

기쁘게 살라.
즐기면서 하라.
억지로 하는 것이
얼마나 가겠느냐?

너의 삶을
하늘에 드리라.
네가 드린 삶이
역사가 되게 하라.

태양이 생명을 주고
바람이 순환을 하듯
너의 살아가는 삶이
흐르는 물이 되게 하라.

의로운 소원을 가지라.
저주의 삶이 있고
축복의 삶이 있으니
그 소원으로 삶이 결정된다.

감사의 마음을 가지라.
모든 것이 은혜요

모든 것이 무상이다.
네가 무엇을 가지고 나왔느냐?

착각하며 살지 말라.
너의 날은 순간이요
너의 말은 영원히 남으니
너의 삶이 발걸음이 되리라.

너의 그 삶으로
하늘의 뜻을 이루라.
먼지가 힘을 얻어 생명이 되었으니
무엇을 세상에 남기겠느냐?

나,
너를 얻어
이 세상을
다시 얻었도다.

항상 기뻐하라. 쉬지 말고 기도하라. 범사에 감사하라. 이것
이 그리스도 예수 안에서 너희를 향하신 하나님의 뜻이니라.
1Thessalonians 5:16-18

114. 배교

유다의 피가 흐른다.
돈을 준다면
무엇이든 한다.
먹어야 사는 것이다.

헤롯의 자리를 탐낸다.
어떻게든 높이 오르면
한 평생 잘 살 수 있다.
이것도 능력이다.

먼저 보여야 한다.
보는 것 속에서
욕망이 일어나는 것.
이것을 이용해야 한다.

언제든 상황은 변하는 것이다.
적절하게 변신할 줄 알아야 한다.
시대에 뒤지면
다시는 일어설 수 없다.

그의 길이 무엇이며
그의 정신이 무엇인가?

다 먹고 살자고
하는 것이다.

이대로는 눈을 감을 수 없다.
무언가 역사를 이루어야 한다.
영혼을 팔아서라도
믿음을 사야 한다.

적당히 하고 대충하면 된다.
그렇게 억지로
열심히 할 필요도 없다.
다 좋자고 하는 것이다.

마음이 가는 대로
역사가 일어나는 것.
지금 너의 마음은
어디로 흐르는가?

누가 어떻게 하여도 너희가 미혹되지 말라. 먼저 배교하는 일
이 있고 저 불법의 사람 곧 멸망의 아들이 나타나기 전에는 그
날이 이르지 아니하리니. 2Thessalonians 2:3

115. 다른 교훈

이상한 일이 일어나야 한다.
그렇지 않으면 사람들이 모여들겠는가?
그럴듯하게 포장하고
멋지게 외양을 채려야 한다.

신비스럽게 보여야 한다.
실제로 아무것이 없다 해도
뭔가 있는 듯 보여야 한다.
사람들은 겉모습만 보는 것이거든.

속에 무엇이 들어있는지
아무런 관심이 없다.
그것을 간파할
안목도 없다.

복을 받는다고
만사형통한다고 해야 한다.
사람들이 엄청나게 모여야
뭔가 있는 듯 보여 진다.

좋은 것만
생각하라고

그래야 잘 된다고
썰을 풀어야 한다.

뜻을 모으면
기적이 일어나고
여기에 정신을 집중하면
일이 잘 된다고 믿게 해야 한다.

그렇게 해도
될까말까 한데,
될까말까 미적거리면
무엇이 되겠는가?

눈을 감고
내 손을 꼭 붙잡고
나만 따르게
만들어야 한다.

내가 마게도냐로 갈 때에 너를 권하여 에베소에 머물라 한 것
은 어떤 사람들을 명하여 다른 교훈을 가르치지 말며. 1Timothy
1:3

116. 선한 싸움

산다는 것은
싸우는 것이다.
태어남은 생명의 싸움이며
존재와 비존재의 투쟁이다.

모든 존재는
없음에서 있음으로 나아가며
있음에서 없음으로 마치게 된다.
완성과 소멸의 도상에 있다.

어떻게 세상에 태어나
어떻게 삶을 마칠 것인가?
뜻을 가지고 태어나
뜻을 이루고 돌아간다.

뒤로 잡아당기는 것과
앞으로 나아가는
그 생명력 속에
성취와 미완이 결정된다.

우린 오늘도
그 속에서 살아간다.

하루의 이룸과
하루의 소멸.

하루를 마치는 시간에
자신을 돌아본다.
무엇으로
하루를 살았는가?

뒤로 물러설 수 없다.
앞으로 나아가야 한다.
나를 부르는 소리를 따라
주어진 뜻을 이뤄야 한다.

그리고 하늘에 도달할 즈음,
지난 세월을 돌아보며
한줄기 미소를
짓는 것이다.

내가 네게 이 교훈으로써 명하노니 전에 너를 지도한 예언을
따라 그것으로 선한 싸움을 싸우며. 1Timothy 1:18

117. 분노와 다툼

믿음이 없으니
분노가 일어난다.
조그만 어려움도
참아내지 못하는 것.

하늘이 하도록
맡기지 못하고
자기가 그것을 하려는
불신앙에서 나오는 것이다.

마음에 가득한
욕망을 이루지 못할 때
미움과 울화가 치미는 것이요
억지로 그것을 채우려 한다.

기도하지 않으니
다툼이 일어난다.
하늘에 모든 것을 맡긴다면
무엇을 위해 다투겠느냐?

끝까지 남아있는
밑바닥 본능이

꿈틀꿈틀 일어나
죄의 집을 짓고 있다.

은근히 그것을 즐기며
육신의 정욕을 키우고 있다.
마지막 남은 그것까지
불태우고 싶은 것이다.

남는 것은 공허요
떨어지는 것은 나락이니
한번 그것이 다가오면
돌이킬 수 없으리라.

수많은 사람들이
그로 인해 멸망에 빠지니
너의 욕망을 위해
삶을 마치겠느냐?

그러므로 각처에서 남자들이 분노와 다툼이 없이 거룩한 손을
들어 기도하기를 원하노라. 1Timothy 2:8

118. 단정하게

함부로 웃음을 주지 말라.
조용히 미소만 지으라.
큰 소리로 웃지 말라.
너의 소리를 죽이라.

적당하게 가려야
더 신비한 것이니
다 보여주고
다 주려느냐?

다 먹어버리면
더 허전한 것이요
다 가져버리면
더 공허한 것이니

이것을 알라.
다 가졌다고
다 먹었다고
끝나는 것이 아니다.

그때부터 시작하여
죽을 때까지 가는 것이다.

같이 손을 잡고
길을 가는 것이다.

길을 걷다가
서로가 마음이 통하는 것.
그것이 가장 아름다운 것이다.
언제까지 얼굴만 바라보고 있겠느냐?

사랑의 노래를 부르며
믿음의 기도를 올리며
살아있는 동안
거룩한 길을 가는 것이다.

마음을 닦고
옷매무새를 가다듬고
고요히 무릎을
꿇는 것이다.

또 이와 같이 여자들도 단정하게 옷을 입으며 소박함과 정절
로써 자기를 단장하고 땋은 머리와 금이나 진주나 값진 옷으
로 하지 말고. 1Timothy 2:9

119. 감독

그를 보면 그 모임을 안다.
누가 그때 앞에 나서는가?
아무나 세울 수가 없다.

선택은 그 공동체의
수준을 보여준다.
그것이 그들의 전부이다.

사랑은 있으나
마음으로 절제한다.
가슴은 뜨겁지만
머리는 차거웁다.

함부로 말하지 않는다.
이면을 꿰뚫어
진실을 드러낸다.

이것저것 되는대로
쉽게 먹지 않는다.
먹을 것은 먹고
참을 것은 참는다.

언제나 최상을 유지한다.
그를 보면 기분이 좋아진다.
언제나 준비가 되어있다.

배고픈 자를 그냥 보내지 않는다.
필요한 것을 채워주고
넘치도록 안겨준다.

겉만 매끄럽게
말로만 하지 않는다.
삶으로 보여주어
배울 것이 있다.

무지에서 끄집어내어
자유롭게 만든다.
막다른 골목에 집어넣어
하늘로 오르게 한다.

그러므로 감독은 책망할 것이 없으며 한 아내의 남편이 되며
절제하며 신중하며 단정하며 나그네를 대접하며 가르치기를
잘하며. 1Timothy 3:2

120. 집사

처음부터 세상은
사람으로부터 시작한다.
하늘 앞에 바로 선 사람.
불굴의 기도를 올리는 사람.

생명의 전사들은
앞으로 나가야 한다.
그들의 손에
미래가 달려있다.

한자리 잡아서
높아지는 것이 아니라
하늘의 뜻에 마음을 놓는 것이다.
거기에 희망을 가지는 것이다.

생명을 경외하며
함부로 지껄이지 아니하고
마음을 다잡아
역사를 이룬다.

모든 것이
거기에서 나온다.

자신을 훈련함 없이
싸움에 이길 수 없다.

더러운 곳을 멀리하고
같이 어울려 놀지 않는다.
자기의 자리를 가려
있을 곳에 있는다.

세상의 집이 아니라
하늘의 집을 산다.
지구의 집을 지어
아름답게 보전한다.

맡은 자에게
구할 것은 충성이고
그것을 잘 관리하는 자에겐
영광의 명예가 주어질 것이다.

이와 같이 집사들도 정중하고 일구이언을 하지 아니하고 술에
인박히지 아니하고 더러운 이를 탐하지 아니하고. 1Timothy 3:8

121. 화인(火印)

욕망을 감추고
미소를 짓는다.
무엇을 원하는지
알 수가 없다.

양심의 소리를 외면하고
위선의 가면을 쓴다.
잘 감추는 것이
성공을 가져온다.

진실처럼 말하니
모두가 속는다.
반복해서 말하면
진실이 된다.

자기가 원하는 것만
받아들인다.
자기가 좋아하는 소리만
귀를 연다.

나는 그의 얼굴을 알고 있다.
다 감추어도 하늘은 안다.

그렇게 감추고 숨겨서
얼마나 가겠는가?

부끄러운 짓을
그쳐야 한다.
떳떳하지 못하면
그만두어야 한다.

걷기에도 짧은 세상.
죽지 못해 사는 것은 버려야 한다.
그만 더러운 기도를
멈춰야 한다.

회개하기를 그치고
거짓을 일삼을 때,
저절로 망하게 될 것이다.
다시 권고할 가치도 없다.

자기 양심이 화인을 맞아서 외식함으로 거짓말하는 자들이라.
1Timothy 4:2

122. 경건의 훈련

세상의 모든 것이
다 헛된 것이다.
다만 지금 여기에서
기도를 올리는 것뿐이다.

그것만이 영원하다.
자신을 닦아
하늘에 올리는 것.
그때 하늘이 열리게 된다.

그것을 알면 여기에서
하늘의 삶을 살게 된다.
거기에서부터 출발한다.
그 다음 삶이 시작된다.

내 삶의 이유가
바로 그것이다.
지금 무엇을 위해
살아가고 있는가?

먹고 사는 것이
전부가 아니니

내 자리에 앉아
걸어갈 길을 생각한다.

가장 거룩한 삶.
나를 보내시고
여기까지 나를 이끄신
그의 뜻은 무엇인가?

영성의 순례자.
그것이 아니라면
하루의 삶이 헛되고
일생의 삶이 허무할 것.

허리를 곧추세우고
마음의 눈을 뜬다.
오늘도 주어진 하루의 삶을
그의 뜻을 따라 걸어간다.

망령되고 허탄한 신화를 버리고 경건에 이르도록 네 자신을
연단하라. 1Timothy 4:7

123. 생명의 약속

자유의 길을 걸어갔던 그를
우리 모두 뒤따른다.
아무도 일어서지 않았을 때,
그는 홀로 일어섰다.

그는 역사의 문을 열고
하늘로 들어갔다.
사람이 한 번 태어나면
그렇게 살아야 한다.

아무런 여한이 없이
몸을 불살라야 한다.
주어진 소명을
성취해야 한다.

누가 무어라 하든
하늘을 바라보며
기도를 올려야 한다.
길을 걸어야 한다.

홀로 마음에서
주먹을 쥐어야 한다.

안으로 눈물을 흘리며
침묵해야 한다.

말이 필요 없다.
삶으로 보여주는 것이다.
그저 묵묵히 주어진 길을
걸어가는 것이다.

언젠가 길이 열려도 좋고
열리지 않아도 괜찮다.
한번 해보았다는 것.
그렇게 살아보았다는 것.

그것으로 족한 것이다.
그래서 미소를 지을 수 있다.
같이 손을 잡을 수 있다.
마지막 기도를 올릴 수 있다.

하나님의 뜻으로 말미암아 그리스도 예수 안에 있는 생명의
약속대로 그리스도 예수의 사도된 바울은. 2Timothy 1:1

124. 두려워하는 마음

무서워서 물러가는 게 아니다.
잠깐 기다리는 것이다.
때를 기다리며
절제하는 것이다.

나 하고 싶은 대로
하는 것이 아니라
그의 뜻대로
하는 것이다.

기도할 시간을 얻는 것이다.
인내함으로
그의 때를
기다리는 것이다.

그렇게 나 자신을
훈련하는 것이다.
그가 받으실 수 있도록
나 자신을 갈고 닦는 것이다.

나의 자리에서
능력을 키우는 것이다.

거룩한 사랑으로
나를 버리는 것이다.

욕망을 잘라
희망을 키우는 것이다.
역사의 십자가를 지고
하늘의 길을 가는 것이다.

그의 뜻을 이루기 위해
날마다 죽는 것이다.
매일 다시 일어나
주어진 길을 걷는 것이다.

그리고 마침내 그와 함께
하늘에 오르는 것이다.
다 이루었다 숨을 마치며
영원에 들어가는 것이다.

하나님이 우리에게 주신 것은 두려워하는 마음이 아니요 오직
능력과 사랑과 절제하는 마음이니. 2Timothy 1:7

125. 좋은 병사

가까이 오라.
하늘로 가는
하나밖에 없는
지고의 도상에서

나를 바라보라.
세상이 아니고
영화를 좇는 것이 아닌
가난과 고난의 자리.

거기에서
나를 만나리라.
자아를 버리는 그곳,
내가 거기에 있다.

내 말을 들으라.
정신을 집중하고
내 눈을 바라보라.
마음의 귀를 열라.

그때부터
지금까지 나는

길을 걷고 있다.
나의 길을 걸으라.

하늘을 얻으리라.
하늘이 너의 가슴에 들어와
그와 하나가 되리라.
누구도 갈라놓을 수 없으리라.

네가 하늘이고
하늘이 네 안에 있어
같이 울고
같이 웃을 수 있으리라.

마음이 허전한가?
무엇인가 먹고 싶은가?
고통과 눈물에 젖은 빵을 먹으며
나와 함께 길을 걸어보자.

너는 그리스도 예수의 좋은 병사로 나와 함께 고난을 받으라.
2Timothy 2:3

126. 정욕

다 가지고 싶다.
물질도 가지고
명성도 가지고
삶의 의미도 가진다.

세상도 가지고
예수도 가지고
그러기 위해서는
무엇도 할 수 있다.

이대로 불사르고 싶다.
내일이 아니라
오늘 지금
멋지게 사는 것이다.

미래가 무엇이고
거룩이 무엇인가?
그것이 밥 먹여주고
그것이 재미진 일인가?

그것이 아니라면
긴긴 세월을

어떻게 그렇게
지루하게 보낼 것인가?

지루함보다는
차라리 찰나가 좋다.
오래 영원을 사는 것보다
순간을 신나게 사는 것이다.

비루하게 살 것이 아니라
꽃처럼 사는 것이다.
그렇게 불처럼
살라지는 것이다.

얼마나 멋진 일인가?
조금 지저분하고
약간 너저분해도
배 위에서 죽는 것이다.

또한 너는 청년의 정욕을 피하고 주를 깨끗한 마음으로 부르
는 자들과 함께 의와 믿음과 사랑과 화평을 따르라. 2Timothy
2:22

127. 말세

자기에게 몰두하는 것이
세상의 마지막이다.
모두 다 그렇게 하면
세상은 어떻게 되겠는가?

자기를 사랑한다고 하는 그것이
실상은 자기를 망치는 것.
자기의 몰락과 함께
세상도 망하는 것이다.

물질에 집착하는 것이
세상을 파괴하게 된다.
그대가 보는 대로
지금 세상이 그렇다.

자기가 가진 것이 전부인 줄 알고
보이는 세상이 전부인 줄 알고
남이 가진 것을 우습게 본다.
보이지 않는 가치를 모른다.

자기에 대한 집착과
세상에 대한 애착 속에

삶은 비틀어져
천착에 빠진다.

이웃이 보이지 않는다.
연륜을 알지 못한다.
보이는 것을 따라
보이지 않는 것을 버린다.

눈에 보이는 화려함을 좇아
광야의 거침을 외면하고
투박한 아름다움을
거부하는 것이다.

하여 진실을 버리고
부드러움만 찾는다.
지금 먹다가
지금 죽어도 좋다.

사람들이 자기를 사랑하며 돈을 사랑하며 자랑하며 교만하며
비방하며 부모를 거역하며 감사하지 아니하며 거룩하지 아니
하며. 2Timothy 3:2

128. 하나님의 감동

숨을 불어넣어야 한다.
생명이 살아있어야 한다.
죽은 것이 감동을
줄 수가 있겠는가?

움직여야 한다.
움직이다 보면
영감이 내려오고
역사가 일어난다.

무언가를 해야 한다.
머물러 있다고
되는 것이 아니다.
일 속에 꿈이 내려온다.

자리에 앉으면
계시가 내려온다.
생명이 살고 진리가 사는
깨달음을 얻게 된다.

주어진 길을
걸어야 한다.

길을 걷다가
생각을 얻는다.

가만히 있는데
저절로 주어지는 것은 없다.
힘쓰고 애쓸 때
은혜가 내려온다.

오늘도 길을 걷는다.
날마다 길을 걷는다.
걸음을 멈출 때가
하늘로 들어갈 때이다.

그것이 나에게 주어진
거룩한 경전이다.
하여 오늘도 나는 이렇게
나의 경전을 쓴다.

모든 성경은 하나님의 감동으로 된 것으로 교훈과 책망과 바
르게 함과 의로 교육하기에 유익하니. 2Timothy 3:16

129. 전파(傳播)

마음을 주고
기도를 하고
사랑의 씨를
뿌리는 거다.

나에게 주어진
말씀을 붙들고
밤을 새워 씨름하는 거다.
속을 찔러보는 거다.

한 십 년 계속해서
해보는 거다.
그렇게 하다보면
무언가 이루어지겠지.

되든지
아니 되든지
항상 힘써보는 거다.
나머진 하늘이 하시겠지.

받은 것을 그대로 살려서
한번 해보는 거다.

자꾸 해보면
무언가 깨달음이 오겠지.

뒤집어도 보고
바꿔도 보고
깊이 생각해보고
행동해보는 거다.

이렇게도 해보고
저렇게도 해보고
뒤집어 거기까지
끝까지 하는 거다.

될 때까지 하는 거다.
생각의 씨앗을 던지며
조용히 기도하는 마음으로
익을 때를 기다리는 거다.

너는 말씀을 전파하라 때를 얻든지 못 얻든지 항상 힘쓰라
범사에 오래 참음과 가르침으로 경책하며 경계하며 권하라.
2Timothy 4:2

130. 전 제(A drink offering)

떠날 때가 되었다.
한 줌의 먼지가 되어야 한다.
그렇게 왔으니
그렇게 돌아간다.

생명의 먹이가 되어
한 입에 먹혀져야 한다.
내가 죽어야
그들이 산다.

긴 세월을 지나
마무리를 해야 된다.
오래 사는 것이 아니라
잘 사는 것이다.

돌아갈 때를 안다는 것은
지혜로운 일이다.
얼마나 많은 사람들이
때를 잃어버려 추하게 되는가?

나는 그것을 안다.
새로운 삶을 시작하고

낡은 삶을 마치게 되면
새로운 세상이 열린다는 것.

올 때가 있으면
갈 때가 있다는 것.
일할 때가 있으면
잠들 때가 있다는 것.

이제 날이 밝았다.
가야 할 때가 되었다.
하루를 시작하듯
죽음을 시작한다.

내 앞에 하늘이 열려졌다.
그때 그를 보았던 것처럼
지금 다시 그를 보게 된다.
나를 들어 하늘에 던지라.

전제와 같이 내가 벌써 부어지고 나의 떠날 시각이 가까웠도
다. 2Timothy 4:6

131. 겨울 전에

기다리는 것이 아니라
만들어가는 것이다.
그냥 기다린다고
주어지는 것이 아니다.

무언가 여기에서 해야 한다.
기도를 올리고
주어진 길을 걸으며
사랑의 씨를 뿌려야 한다.

그렇게 해야
거둘게 있는 것이지
아무것도 심지 않고
무엇을 얻을 수 있겠는가?

저녁이 되기 전에
아직 조금의 햇빛이 남아있을 때,
여기에서 무엇인가를
해야 하는 것이다.

인생의 겨울이 오기 전에
심판의 날이 닥치기 전에

지금 여기에서
그날을 준비하는 것이다.

그리고 그가 나를 부르시면
모든 것을 버리고
하늘에 오르는 것이다.
그것을 위해 지금 오늘을 산다.

이것을 안다면
시간이 얼마 남지 않았다.
미워할 시간도 없고
낭비할 시간도 없다.

기도를 하기 전에
제사를 드리기 전에
먼저 마음을 열고
손을 내미는 것이다.

너는 겨울 전에 오라 으불로와 부데와 리노와 글라우디아와
모든 형제가 다 네게 문안하느니라. 2Timothy 4:21

132. 참 아들

너에게 나의 희망을 둔다.
이제 우리에게
남겨진 것은 없다.
네가 일어서야 한다.

나의 세계를
너에게 맡긴다.
네가 이것을
맡아야 한다.

하늘을 바라보며
앞으로 나가야 한다.
손을 높이 들어
세계를 살려야 한다.

눈을 부릅뜨고
역사의 현실을 보아야 한다.
역겹다고 침을 뱉거나
눈을 감아서는 안 된다.

이것이 네가 맡아야 할
너의 현실이다.

네가 살려야 할
생명의 실상이다.

네가 필요하다.
우리가 힘을 합해야 한다.
부르짖는 저들의 소리를
들어야 한다.

듣는 자는
일어설 것이고
일어선 자는
길을 걸을 것이다.

우리 앞에 길이 있다.
생명의 길과 멸망의 길.
축복의 길과 저주의 길.
이제 마지막 날이 다가왔다.

같은 믿음을 따라 나의 참 아들 된 디도에게 편지하노니 하나
님 아버지와 그리스도 예수 우리 구주로부터 은혜와 평강이
네게 있을지어다. Titus 1:4

133. 사랑을 받는 자

같이 죽을 필요는 없다.
다만 옆에서
조금의 기쁨만
얻으면 된다.

그렇게 큰 희망이
없어도 된다.
조금의 따뜻한 위로만
있으면 된다.

미소 한 모금만으로도
마음의 말 하나만으로도
일상의 갈증은
해소 될 수 있다.

그것조차 없으면
세상은 얼마나
살기에 팍팍할 것인가?
일어날 희망이 없다.

길을 걸어가다가
보여주는 싱긋한 웃음.

굳게 손을 잡아주는
보이지 않는 힘.

무심하게 나를 외면하는
그런 곳에서는
발의 먼지를 떨고
떠나고 싶어진다.

살면 얼마나 산다고
엎드려 굴종하며
한술의 밥을 위해
비겁한 삶을 살겠는가?

옆에서 나를 기다려주는
그런 사람이 있기에
오늘도 나는 기도를 드리며
길을 걸어갈 수 있는 것이다.

그리스도 예수를 위하여 갇힌 자 된 바울과 및 형제 디모데는
우리의 사랑을 받는 자요 동역자인 빌레몬과 자매 압비아와
우리와 함께 병사 된 아킵보와 네 집에 있는 교회에게 편지하
노니. Philemon 1:1

134. 오네시모(Onesimus)

어디에서든지
함께할 사람은 있다.
아무리 어려운 상황에서도
살아남을 사람은 있다.

뜻이 통하고
마음이 통하는
그 한 사람이 필요하다.
그가 우리의 희망이다.

그를 통해서
역사는 일어난다.
죽음의 세상에서
살 소망이 생겨난다.

그 뜻을 가지고
우리는 살아간다.
그 희망으로
우리는 기도를 드린다.

묵묵히 길을
걸어가는 것이다.

그러다보면 어느 날
하늘이 열릴 것이다.

거기에서 나는
한줄기 미소를 지을 것이다.
아무런 후회도 없이
그의 품에 안길 것이다.

그 전에 우리는
하나의 생명을 남겨야 한다.
그에게 세상을
맡겨야 한다.

내가 못다 한 마지막 일을
그에게 넘겨야 한다.
그리고 조용히
하늘로 돌아가는 것이다.

갇힌 자 중에서 낳은 아들 오네시모를 위하여 네게 간구하노
라. 그가 전에는 네게 무익하였으나 이제는 나와 네게 유익하
므로 네게 그를 돌려보내노니 그는 내 심복이라. Philemon 1:19–
12

에필로그(Epilogue)

어디에도
그가 있었습니다.
눈을 열었을 때
그가 보였습니다.

그것은 나에게 다가온
백 년의 사랑이었고
나의 길을 비쳐주는
하늘의 빛이었습니다.

나는 이 길이
그렇게 쉽게
이루어지는 것이 아님을
잘 알고 있습니다.

날마다 자신을 죽이고
그분의 뒤를 따르는
섬김의 길이라는 것을
분명히 깨닫고 있습니다.

우리는 그 속에서
자신을 갈고 닦아
그분의 길을
예비해야 합니다.

아무도 가지 않은 길을
걸어야 합니다.
십자가의 길을
뒤따라야 합니다.

그럼에도 이 길이
나에게 주어진 길이라면
기쁨으로 이 길을
걸어갈 것입니다.

우리의 삶은
어디에서든
하늘의 뜻을
이루는 것이기에…